청년 아펜젤러를 위한 노트

청淸아雅한 노트

강철구 엮음

어문학사

큰 자리를 낮추리라

'청년 아펜젤러이지 않을 이유는 하나도 없습니다.'

저자의 말

배재대학교에 와서 다섯 번의 겨울을 보내는 동안 저는 우리 학교 학생들이 다른 대학 학생들과 어떤 차별성을 갖고 있는지 잘 몰랐습니다. 우리 대학의 건학이념은 '크고자 하거든 남을 섬기라'(마태복음 20장 26절)인데, 그렇다면 과연 '남을 섬긴다는 것은 무엇일까? 섬기면 어떤 큰 인물이 될까? 그리고 큰 인물은 또 어떤 인물을 의미하는 것일까?'에 대한 궁금증이 생겼습니다.

여러분, 여러분은 과연 내년에도 대학생인 채 공부하고 있을까요? 몇 년 후에도 지금처럼 한가하게 성적 걱정이나 하고 방학을 기다리고 있을까요? 그리고 건강은 또 어떨까요? 대학에서의 4년은 정말 빨리 지나갑니다. 그리고 모든 것은 딱 한 번만 주어집니다. 금년의 가을은 두 번 다시 오지 않습니다. 그런데 어떤 학생들은 중요한 일에 소비해야 할 시간과 노력을 하찮은 일로 대학 4년 내내 바쁘게 보내기도 합니다. 또 어떤 여학생들은 친구의 인성보다는 친구가 입은 명품 옷과 화장법에 마음을 빼앗겨 버리기도 합니다.

배재대학교에서 키우고자 하는 청년아펜젤러는 어떤 리더십을 갖고 있을까요? 저는 우리 대학의 건학이념인 '크고자 하거든 남을 섬기라'라는 리더십을 갖고 있다면 그 학생이 바로 청년 아펜젤러라고 확신합니다. 그것이 바로 섬김의 리더십(servant leadership)이며 크리스천 리더십(christian leadership)입니다. 우리는 같은 하늘 아래에서 살아가지만 시간과 장소, 환경에 따라 겪게 되는 삶의 조건이 다르기 때문에 모두가 섬김의 리더십을 소유할 수는 없겠으나, 핵심은 내가 먼저 모범을 보여야 한다는 것이죠.

그러나 오늘날 한국 대학의 현실을 보면 리더십을 키우기에 알맞은 환경이라고 장담할 수 있는 상황이 아닙니다. 대학은 취업사관학교로 전락되어 버렸고, 학생들은 사회에 대한 비판과 도전정신보다는 취업의 관문을 뚫기 위한 스펙관리와 경쟁에만 관심을 갖고 있습니다. 배재대학교에 입학한 학생들도 크게 다를 바 없습니다.

고전과 문학을 읽을 시간도 없고 사회과학 서적을 통해 비판적인 시각과 고민할 시간도 빼앗겨 버렸습니다. 이제는 드넓은 잔디밭이 깔려 있는 캠퍼스 언덕에서 적당히 따뜻한 햇볕을 받으며 플라토닉 사랑에 빠질 청년의 순수함도 사라져 버린 듯합니다.

급변하는 자본주의시대의 문어발식 확장형 대기업들처럼 대학들도 숫자 부풀리기에 골몰하고 있는 것이 현실입니다. 이러한 때에 우리 대학은 학생들에게 학문으로부터의 자유를 통해 진리도 탐구하면서 인성과 지성, 그리고 소통과 수행과 감성역량을 바탕으로 우정과 정의를 살리는 대학생활을 마련해 주어야 한다는 공론의 가치를 실현하는 곳으로 꾸며 놓았습니다. 배재대학교는 세상 잣대의 일류 대학이기에 앞서 정말로 '크고자 하거든 남을 섬기라'는 교육 이념을 실천하는 청년 아펜젤러를 양성하는 교육기관이기 때문입니다.

저는 서른 일곱에 박사학위를 받고 2011년 마흔 다섯이란 늦은 나이에 배재대학교 일본학과 교수로 임용되었습니다. 천안 시골의 가난한 농부의 아들로 태어나 8남매 중 유일하게 대학을 나온 저에게 교수가 된다는 꿈은 다가서지 못할 것만 같

왔고, 오랜 시간강사 시절과 여러 대학을 옮겨 다니며 절망감도 느꼈습니다. 그럴 때마다 노트에 옮겨 적었던 힘이 될 만한 명언들은, 지치고 힘들었던 저를 격려해 주었고 희망을 놓지 않도록 일깨워 주었습니다. 그러니 여러분, 격랑의 바다에서 힘이 부칠 만큼 노를 젓고 있음에도 낙망하고 쓰러져 일어날 힘이 없을 때에, 제가 정리해 놓은 명언집 노트를 한 번만 펼쳐 읽어 보시기 바랍니다.

이 책에는 청년 아펜젤러를 위한 세 개의 기도문과 각각의 역량에 따른 40개의 '한마디'(가나다 순)를 담아 놓았습니다. 그리고 동료 교수님들을 위한 기도와 교육자로서 참고하기에 좋을 만한 '한마디'들도 정리해 봤습니다. 이 책을 한자리에서 다 읽을 필요는 없습니다. 책장에 꽂아 놓았다가 필요할 때 필요한 곳을 찾아 읽으시면 됩니다.

학생들에게 들려주는 김영호 총장님의 인사말씀과 격려, 기도문을 읽어 주신 이성덕 교목실장님, 그리고 스물 한 분의 배재대학교 교수님들과 직원선생님의 '한마디'에 진심으로 감사드립니다.

이 책이 여러분에게 유용한 지침서가 되기를 희망합니다.

 목차

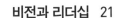

인사말 : 배재대학교 김영호 총장

    사랑하는 청년 아펜젤러 여러분!

    컴퓨터의 발달과 인터넷에 떠다니는 공짜 정보가 홍수를 이루면서 이제 학생들은 교육의 일선에 있는 학교의 선생님보다는 인터넷 정보를 더 신뢰하고 결국은 선생의 역할이 점점 축소되는 세상으로 변하고 있는 현장을 실감합니다. 대학 교육도 큰 틀에서 보면 동일한 선상에 놓여 있습니다. 날마다 새롭게 습득해야 하는 정보량이 폭증하다 보니 예전보다 더 많이 '공부'를 해야 합니다. 그래서 성년이 된 20세의 나이에도 행복이나 보람, 그리고 삶의 진정한 가치보다는 물신주의, 출세주의가 우선이 되어 버렸고, 이로 인해 빚어진 비교육적인 요소의 범람은 인간성마저 상실하게 만들고 있습니다.

    그러나 청년 아펜젤러 여러분!

'수저계급론' 같은 투박한 단어가 목덜미를 휘감아 치더라도 우리의 목표가 연봉 높은 직장이나 학점을 잘 받아 장학금을 받는 것일 수는 없습니다. 이제 앞으로 4년간은 여러분의 인생에 있어 대단히 중요한 시기입니다. 그래서 배재대학교 총장으로서 저는 여러분에게 이 기간을 뜻있게 보내라고 목이 쉬도록 조언을 하고 싶습니다. 왜냐하면 대학 4년이란 시간을 통해 인생에 대한 충분한 번뇌와 고민을 닦아 놓아야만 졸업 후 취업이 잘되든 그렇지 않든 언제든지 원하는 때에 원하는 만큼의 지식과 지혜를 활용하여 인생을 풍요롭게 살 수 있는 기초를 다질 수 있기 때문입니다.

　여러분은 획일적인 정답만을 강요해 왔던 권위적인 주입식 교육에서 벗어나 스스로 질문하고 대답을 찾기 위해 고민하는 대학생이 되고자 우리 대학에 왔습니다. 그 생각과 고민의 결과는 생존과 취업을 위한 스펙쌓기가 아니라, 자신의 흥미와 적성에 맞고 바람직한 삶을 사는데 필요한 다양한 지식과 체험이 되어야만 합니다. 우리 배재대학교가 존재하는 이유가 바로 여기에 있습니다.

여러분, 좋은 대학이란 어떤 대학일까요?

이 질문에 대답하기에 앞서 몇 가지 상황을 살펴보고 싶습니다.

우리 배재대학교는 대전에 위치해 있습니다. 대전은 충청권에서는 가장 큰 도시이지요. 그런데도 서울사람들은 '지방' 취급을 합니다. 그리고 그 지방에 속해 있는 대학은 모두가 '지방대'이고 그 지방대에 다니는 학생들에게는 듣기도 불편한 '지방대생'이라는 명칭이 따라 다니고 있습니다. 이것은 이름에서부터 수도권에 지고 들어가는 불공정한 게임이지요. 우리는 자격지심(自激之心)일지 몰라도 이러한 실력차이를 인정하고 싶지 않아서 불평을 늘어놓기도 합니다. '요즘 실력 있는 지방대가 얼마나 많은데', '지방대가 특성화 사업 등으로 최선을 다하고 있는데도 불구하고 대기업들은 수도권 대학에만 기부를 하고 있어', '경제, 정치, 문화, 예술 등 대부분이 서울에 집중되어 있는 것도 지방대로서는 불평등이야', '우리가 학교 다닐 때만 해도 서울대 빼고는 다 비슷했는데 지금 젊은이들은 무조건 서울만 선호하고 있으니…' 등등.

그러나 현실은 어떻습니까? 학생의 입장에서 본다면 솔직히 고등학교에서의 학습 실력이 좀 부족해서 지방대에 입학한 것을 부정할 수는 없습니다. 자존심이 상하겠지만 일단 인정합시다. 그러나 여기서 멈출 수는 없겠지요. 지피지기(知彼知己)이면 백전불태(百戰不殆)의 자세로 지금부터 이를 극복할 일들을 찾아서 해결해 나가면 됩니다.

자! 그럼, 다시 한 번 앞서 질문 드린 좋은 대학에 대해 제 생각을 정리해 보겠습니다.

대졸자의 높은 취업률과 교육부 지침을 잘 따르는 충성도에 따라 대학의 질이 결정되는 작금(昨今)의 시대에, 모든 대학이 명문대학이 되고 특성화된 교육을 한다면 얼마나 좋겠습니까만 현실은 그렇지 않습니다. 특히 지역에 속해 있는 대학은 더욱 불리합니다. 그런 점에서 볼 때 우리 대학은 학교의 건학이념과 정체성을 살리면서 배재대학교만의 특화된 교육제도를 구사하고 있는 좋은 사례라고 자신할 수 있습니다.

　우리 대학은 1885년 아펜젤러 선교사께서 고종황제로부터 교명을 하사받아 대한의 반석이 될 인재를 키울 배재학당에서 시작된 대학입니다. 우리나라 최초의 서양식 대학으로 출발한 배재학당은 '크고자 하거든 남을 섬기라'는 당훈 아래 인재 양성과 문화창달에 매진한 결과, 대한민국 초대 대통령 이승만 박사, 민족시인 김소월, 한글학자 주시경 선생 등 우리나라 근대사의 한 획을 그은 수많은 민족의 선각자들을 배출하였습니다.

　진부한 이야기로 들릴지 모르지만 우리 대학은 단순히 지식을 전달하는 기관이 아닙니다. 우리는 서울대 등 소위 입학 당시 최상위권 학생들을 선별하여 또다시 똑같은 실력의 학생을 졸업시키는 대학이 아닙니다. 즉 배재는 인풋(input) 과 아웃풋(output)이 다른 대학교입니다. 대학이 평가 위주, 성장 위주의 외형적 순위 경쟁에 몰두하고 있는 오늘날, 우리 대학은 중위권 학생들을 잘 가르쳐 '실천하는 청년 아펜젤러'로

양육하여 사회에 내보내기 위한 '멋진' 프로젝트를 진행하고
있습니다.

　여기, 대한민국의 중심 대전에서 세계를 향해 꿈을 펼쳐나
갈 수 있는 아레나(arena) 배재대학교가 자리 잡고 있습니다.
그것이 바로 우리 대학이 추구하는 '청년 아펜젤러'의 대학,
'World Pride Pai Chai'입니다.

　사랑하는 배재인 여러분!
나누고 섬기는 청년 아펜젤러의 리더십을 키우십시오.
배재인임을 자랑스럽게 여기십시오.
이제 명품 배재대학교를 기억하십시오.
여러분이 바로 그 중심이자 주인공입니다.

크고자하거든
남을섬기라

1. Servant Leadership

비전과 리더십
실천
지성
인성

실천적 지성인을 위한 기도문

사랑의 주님,

새벽 이슬같은 제자들을 위해 간구합니다. 우리의 제자들이 배재대학교 라는 공동체 속에서 생활하는 동안 서로의 우정과 선후배간의 관계를 통해 상생의 시너지를 이끌어 내는 실천적 지성인으로 성장할 수 있도록 인도하여 주옵소서. 젊은 날, 힘이 있을 때에 불의를 피하지 않고 당당히 맞설 수 있는 용기와 맡겨진 일에 최선을 다하게 하옵시며, 위대해지기 위해 살고 싶은 야망에서 벗어나 겸손해지기 위한 나눔과 섬김의 리더십을 갖도록 인도하여 주옵소서. 우리의 비전과 리더십이 결코 지위를 통해 권력을 얻으려 욕심내는 리더가 아니요, 오롯이 나눔과 섬김을 통해 얻어지는 권위로 인하여 마른 땅에서 샘이 솟는 근원이 되게 하여 주옵소서. 그리하여 사랑으로 감싸고 희생으로 모범을 보여 함께 승리하는 열매를 맺게 하옵소서.

원하옵나니 우리 학생들이 거친 세상에 동화되어 번민할 때에 울분을 갖고 좌절하거나 낙담하지 않으며 오히려 지극히 일상적인 평범함에서 삶의 의미를 찾아, 보다 큰 미래를 계획하는 실천적 지성인으로 성장시켜 주옵소서. 그러나 주여, 혹이나 우리 학생들이 미래의 불확실성과 학업의 어려움 때문에 눈앞이 참참하고 두려워 자신감이 상실될 때에는 희망의 끈을 놓지 않도록 주께서 환한 빛이 되어 길을 밝혀 주옵소서.

주님,

우리 학생들이 배재대학교에 입학하여 스승을 만났을 때 그들을 존경은 하되 맹종하지는 않게 하시고, 스승의 입술을 통해 나오는 언어와 그의 인격·사이에 실망할 만한 간극이 보인다면 이를 예리하게 판별하여 배울 것은 배우되 배우지 말아야 할 것은 버릴 수 있는 분별력을 주옵소서. 또한 공부를 하는 이유가 정보를 얻기 위한 학습이나 말초적 지식을 충족시키기 위함이 아니요, 진리에 대한 본질적 깨달음과 삶의 가치에 확신을 얻기 위함임을 알게 하옵소서. 이를 위해 우리 학생들이 동서고금의 고전을 통해 위대한 스승들을 만나게 하여 주시고, 자신들도 모르는 사이에 거목들 곁에서 키가 자랄 수 있도록 주께서 인도하여 주옵소서. 그리하여 풍요와 번영과 성공과 출세를 지향하는 진로를 결정하기보다는 이웃의 고통과 아픔을 외면하지 않도록 심령이 가난한 선한 마음을 주옵소서.

섬김의 리더가 되기 위해서는 손해를 보더라도 원칙을 견지할 수 있는 자신감과 당당함을 주시며, 바르지 못한 방법으로 목표를 달성하는 것이 얼마나 수치스러운 일인가를 깨달아 그리스도의 자녀로서 정직하고 바른 마음을 갖고 배재대학교에서의 4년을 의미 있고 가치있는 시간으로 보낼 수 있도록 인도하여 주옵소서. 그리하여 이것이 실천적 지성인이 되기 위한 기본 중의 기본이요 예수님처럼 섬김을 몸에 익히는 참된 리더십임을 알게 하여 주옵소서.

예수님의 이름으로 기도드립니다.

비전과 리더십

- "강한 힘에는 그만큼의 책임이 따르는 거야."(Great power always comes with great responsibility) – 영화 '스파이더맨' 대사 중에서

- 거북이가 토끼를 이길 수 있었던 것은 목표의 차이였다. 토끼의 목표는 거북이었고, 거북이의 목표는 결승점이었다. 나는 제자들이 한 발자국 더 앞을 바라봤으면 좋겠다.
  – 최호택, 배재대학교 행정학과 교수

- 고개 숙이지 마십시오. 고개 숙이고 우는 수탉은 없습니다. 세상을 똑바로 정면으로 바라보십시오.
  – 헬렌 켈러(Helen Keller), 미국 작가 겸 사회사업가

- 공부밖에 할 줄 모르는 바보한테 잘 보여라. 사회 나온 다음에는 아마 그 바보 밑에서 일하게 될지도 모른다.
  – 빌 게이츠(Bill Gates), 미국의 마이크로소프트 창업자

- 공직자의 사죄는 심정윤리가 아니라 책임윤리의 문제이다.
  – 막스베버(Max Weber), 독일의 사회학자

- 꿈이 개인이 실현하고 싶은 이상이라면, 그 꿈이 조직에 모여서 하나의 방향성을 가지고 나아갈 때 그것을 비전이라고

합니다. 미래는 실제로 발생한 현상보다 상상력을 발휘하여 그려낸 꿈과 비전을 통해서 만들어지게 됩니다.

– 임춘택, 이광형 『카이스트, 미래를 여는 명강의 2016』 중에서

● 나는 무대에서 인생의 모든 것을 배웠다. 막이 오르면 연기는 배우에게 맡겨야 한다. 그렇지 못하면 배우는 성장하지 못하고 연극은 망한다. 기업도 마찬가지다. 막이 오르면 경영자는 사원이라는 배우에게 모든 걸 맡겨야 한다. 사원 스스로가 감동해 열심히 하지 않으면 기업은 성장하지 못한다.

– 야마다 아키오(山田昭男), 일본의 미라이공업(未來工業) CEO

● 나의 가는 길을 오직 그가 아시나니 그가 나를 단련하신 후에는 내가 정금같이 나오리라. – 욥기 23장 10절

● 내가 생각한 대의는 아주 평범한 것이네. 백성 앞에 놓인 밥상의 평화. 백성이 오늘 저녁 먹을 따뜻한 밥 한 그릇이 고려의 영광보다 우선이지. – 드라마 '정도전' 대사 중에서

● 내가 함께 일했던 탁월한 리더들은 대부분 키도 크지 않고 특별히 잘 생기지도 않았다. 연설도 대개 보통수준으로 그

다지 돋보이지 않았으며, 똑똑한 머리나 달변으로 청중을 매료시키지도 못했다. 그들을 구별짓는 것은 명료하고 설득력 있는 생각, 깊은 헌신, 끊임없이 배우려는 열린 마음이다. – 피터 드러커(Peter Ferdinand Drucker), 미국의 경영학자

● 네 시작은 미약하였으나 네 나중은 심히 창대하리라. – 욥기 8장 7절

● 다윗의 승리는 기적이 아니다. 불가능해 보이는 승리가 아니라 지혜와 전술의 결과이다.

● 당신들은 안 그럴거라고 장담하지만, 서는 데가 바뀌면 풍경도 달라지는 거야. – 드라마 '송곳' 대사 중에서

● 당신보다 어린 사람이 더 성공한 걸 보면 충격받을 겁니다. 하지만 괜찮습니다. 그 사람에겐 그 사람의 인생이 있고, 당신에겐 당신의 인생이 있습니다. 비교할 필요는 없습니다. 그리고 당신의 전성기도 올 겁니다. 언젠가. 언젠가 꼭.

● 로마인들은 그리스인들보다 지성은 부족하다. 게르만민족보다는 체력이 떨어진다. 그런데 로마가 위대한 점은 개방

성이다. 나를 감추고 정보를 공개하지 않는 사람은 리더가 될 수 없다. 리더는 대중에게 숫자를 보여줄 수 있어야 하며 이를 토대로 설득할 수 있어야 한다. - 시오노나나미(塩野七生)의 『로마인 이야기』 중에서

- 리더는 군림하는 자리가 아니다. 섬기는 자리다.

- 미래의 나를 만들어 가는 것은 현재의 자신입니다. 매일의 작은 노력이 미래의 자신에게 주는 가장 큰 선물입니다. 10년 후 과거의 자신을 칭찬해 주고 싶어지도록 오늘 하루도 보람된 하루를 보내세요. - **권정, 배재대학교 기초교육부 교수**

- 반사적이 아닌 주도적 행동을 하라, 반사체가 되지 말고 발광체가 되어라.

- 배를 제대로 만들고 싶으면 일꾼에게 목재를 이리 옮기고 저리 옮기도록 일일이 지시하거나 일감을 배분하지 마라. 대신 저 끝없는 바다에 대한 동경심을 품게 하라. - 생텍쥐베리(Antoine de Saint-Exu-péry), 프랑스의 소설가

- 비전은 계량적인 목표가 아니다. 가슴 설레는 꿈의 형태여야만 하며 매력적인 미래를 영상화한 것이다.

- 뿌리 깊은 나무는 바람에 아니 움직일세, 꽃 좋고 열매도 많네. 샘이 깊은 물은 가뭄에 아니 그칠 새, 내가 되어 바다에 이르네. - 용비어천가 중에서

- 섣불리 예상하지 마라. 특히 미래에 대해선(Never make predictions, especially about the future). - 케이시 스텐겔(Casey Stengel), 미국의 뉴욕 양키스 감독

- 세상 모든 사람은 모두 저마다의 달란트를 가지고 태어났습니다. 본인이 가진 달란트가 무엇인지를 발견하고 이를 통해 세상에 선한 영향력을 미치는 것은 인생의 큰 목적이자 행복입니다. 어떤 학생들은 스펙이라든지 돈과 같은 세상의 가치에 매몰되어 본인의 달란트를 보지 못하고 스스로 위축되어 있어 안타까움을 많이 느낍니다. 그러나 저는 감히 말할 수 있습니다. 당신은 세상 누구와도 비교할 수 없는 가치 있는 사람이란 것을. 스스로를 더욱 사랑해 주세요. 내가 개척할 수 있는 세상을 꿈꾸어 보세요. 여러분의 선한 영향력

이 따뜻하고 아름다운 세상을 만들 겁니다.

– 김태석, 배재대학교 경영학과 교수

- 아름다운 사람이 되자. 섬기는 리더가 되자. 연결하라! 새로운 가치를 창출하라. 미래는 리더십과 기업가정신 (entrepreneurship)을 갖춘 인재를 요구하기 때문이다.

– 한상국, 배재대학교 주시경교양대학 교수

- 야베스가 이스라엘 하나님께 아뢰어 가로되 원컨대 주께서 내게 복을 더하사 나의 지경을 넓히시고 주의 손으로 나를 도우사 나로 환난을 벗어나 근심이 없게 하옵소서 하였더니 하나님이 그 구하는 것을 허락하셨더라. – 역대상 4장 10절

- 여호와께서 너로 머리가 되고 꼬리가 되지 않게 하시며 위에만 있고 아래에 있지 않게 하시리니 오직 너는 내가 오늘날 네게 명하는 네 하나님 여호와의 명령을 듣고 지켜 행하며. – 신명기 28장 13절

- 우리가 성공하면 모두가 성공할 것이고 실패하면 아마도 우리만 실패할 겁니다. 그러니까…… 견딜 수 있는 만큼의 짐만 지세요. – 드라마 '송곳' 대사 중에서

● 유리하다고 교만하지 말고 불리하다고 비굴하지 마라. 무엇을 들었다고 쉽게 행동하지 말고 그것이 사실인지 깊이 생각하여 이치가 명확할 때 과감히 행동하라. 벙어리처럼 침묵하되 임금처럼 말하며 눈처럼 냉정하되 불처럼 뜨거워라. 태산같은 자부심을 갖고 누운 풀처럼 자기를 낮추어라.

– 잡보장경(雜寶藏經) 중

● 오직 너는 마음을 강하게 하고 극히 담대히 하여 나의 종 모세가 네게 명한 율법을 다 지켜 행하고 좌로나 우로나 치우치지 말라. 그리하면 어디로 가든지 형통하리니 이 율법책을 네 입에서 떠나지 말게 하여 주야로 그것을 묵상하여 그 가운데 기록한대로 다 지켜 행하라. 그리하면 네 길이 평탄하게 될 것이라. 네가 형통하리라. 내가 네게 명한 것이 아니냐 마음을 강하게 하고 담대히 하라. 두려워 말며 놀라지 말라. 네가 어디로 가든지 네 하나님 여호와가 너와 함께 하시리라. – 여호수아 1장 7~9절

● 작은 일도 무시하지 않고 최선을 다해야 한다. 작은 일에도 최선을 다하면 정성스럽게 된다. 정성스럽게 되면 겉에 배어 나오고 겉에 배어 나오면 겉으로 드러나고 겉으로 드러

나면 이내 밝아지고 밝아지면 남을 감동시키고 남을 감동시키면 이내 변하게 되고 변하면 생육된다. 그러니 오직 세상에서 지극히 정성을 다하는 사람만이 나와 세상을 변하게 할 수 있는 것이다. – 영화 '역린'의 대사 중 중용 23장 내용

● 잔칫날 부엌에서 묵묵히 일하는 며느리와 밖에서 음식 나눠주며 인심 쓰는 데만 열중인 며느리는 구분해야 한다.

● 정직하게 진단해야 미래를 예측한다.

● 제군들, 수천 명의 병사보다 난 자네들을 더 믿네. 용맹을 떨쳐보자. 우린 사자다! 저 해변에 뭐가 기다리는가? 영원한 승리다! 가서 쟁취하자! – 영화 '트로이'의 상륙하기 전 연설하는 아킬레우스(Achilleus)

● 지금 공부 안 하면 더울 때 더운 데서 일하고 추울 때 추운 데서 일한다. – 박명수, 방송연예인

● 지도자는 독서가이다(Leaders are readers).

● 지도자는 희망을 파는 사람이다. – 나폴레옹(Napoleon), 프랑스의 황제

- 특권. 그것은 리더가 버려야 할 한 가지다.

- "현재 강호동 씨와 유재석 씨, 두 분과 함께 방송을 하시는데 어느 분이 더 편하세요?" 게스트는 살짝 당황하며 그냥 다 괜찮다는 식으로 넘어가려하다 계속된 질문에 다음과 같이 대답했다. "강호동씨는 분위기를 확 이끌어서 끌고 가는 편이고, 유재석씨는 안으면서 품고 가는 편이에요." 결론적으로 누가 좋으냐는 질문자의 추궁에 게스트는 결국 "품어주는 게 좋아요" 라며 멋쩍게 웃었다. - 어느 블로그에서

- 훌륭한 챔피언이 되기 위해선 너 자신이 최고라는 것을 믿어라. 만일 네가 최고가 아니라도 최고인 것처럼 행동하라 (To be a great champion you must believe you are the best. If you're not pretend you are). - 무하마드 알리(Muhammad Ali), 미국의 권투세계챔피언

- The best ship is leadership. - 미해군사관학교 교정의 문구

실천

- 가난하게 태어난 건 당신의 실수가 아니지만 죽을 때도 가난한 건 당신의 실수입니다. – 빌 게이츠(Bill Gates), 마이크로소프트 창업자

- 계획이 실패하는 이유는 뚜렷한 목적이 없기 때문이다. 어느 항구로 가야 할지 모른다면 제아무리 순풍이 불어도 소용이 없다. – 세네카(Seneca, Lúcius Annaeus), 고대 로마의 철학자

- 껍데기만 타다가 꺼져버리는 것처럼 어설픈 젊음을 보내고 싶지 않아. 최후의 순간까지 다 불태워 버리겠어. 아무런 후회도 없이 말야! – 일본만화 '내일의 죠'(あしたのジョー)

- 귀로 듣는 것은 눈으로 보는 것만 못하고, 눈으로 보는 것은 발로 확인하는 것만 못하다(耳聞之, 不如目見之, 目見之, 不如足踐之). – 유향(劉向)의 설원(說苑) 중

- 골프채가 너를 대신해서 말하게 하라. – 타이거우즈(Tiger Woods)의 아버지

- 근면과 성실은 기본이다. 전문성과 집중력이 결합되어야 성공한다.

- 나는 죽어라 공부하지 않았고 남들 놀 때 같이 놀면서도 서울대 갈 줄 알았다. 당연히 못 갔다.

  – 강철구, 배재대학교 일본학과 교수

- 나는 참 운(運)이 좋은 사람이다. 사람은 누구나 운의 종류가 다를 수는 있지만 어떤 운이라도 갖고 태어난다. 하지만 어떤 사람은 그 운을 잡고 또 어떤 사람은 놓치기도 한다. 그 차이는 운을 잡기 위해 준비했느냐 못했느냐이다. 따라서 자신에게 다가올 운을 잡기 위해 항상 준비하고 있어야 한다. **– 우관섭, 배재대학교 비서실 팀장**

- 네가 네 하나님 여호와의 말씀을 삼가 듣고 내가 오늘날 네게 명하는 그 모든 명령을 지켜 행하면 네 하나님 여호와께서 너를 세계 모든 민족 위에 뛰어나게 하실 것이라. – 신명기 28장 1절

- 늘 정신적으로 깨어있고 당당하라(Awaken the dimensional mind, and be bold).

- 늦었다고 생각할 때가 정말 늦은거다. 그러니 지금 당장 시작해라. – 박명수, 방송연예인

- 다른 사람과 경쟁하지 말라. 누구에게도 증명할 필요가 없다. 당신은 다른 사람과 같은 목표를 갖고 있는 것이 아니기 때문에 자신의 한계만을 극복해야 한다.

- 담대하게 이빨이 보이도록 웃어라.

- 당신이 세상을 변화시키기 위해 할 수 있는 유일한 일은 당신 자신을 변화시키는 일이다. – 비트켄슈타인(Ludwig Wittgenstein), 오스트리아의 철학가

- 말하지 않아도 행동으로 보여주면 그게 말인거야. 어른 흉내 내지 말고 어른답게 행동해. – 드라마 '미생' 중에서

- 목동구장에서 박병호처럼 홈런을 많이 치지 못한 선수는 일단 그런 말을 할 자격이 없다. 나는 올해 목동에서 한 개밖에 홈런을 치지 못했다. – 이승엽, 목동의 '작은 구장' 논란이 거세지자 이승엽 선수의 한 마디

- 몸은 아놀드 슈왈제네거인데 심장이 참새심장이라면 참새만큼의 힘밖에 발휘하지 못한다.

- 미지를 향해 출발하는 사람은 누구나 외로운 모험에 만족해야 한다. – 앙드레 지드(Andre Gide), 프랑스의 소설가

- 변명 중에서도 가장 어리석고 못난 변명은 '시간이 없어서'라는 변명이다(The stupidest excuse is that "there is no time to do"). – 에디슨(Thomas Alva Edison), 미국의 발명가

- 사소해 보이는 부분까지 계량화(quantity)하는 미국 경영의 자세가 인상적이었다. – 안철수, 정치인

- 성격이 행동을 만드는 것이 아니라 행동이 성격을 만든다.

- 성공도 습관이다.

- 세상에는 못된 견이 두 마리 있다. 선입견과 편견이다. 그걸 다 물리칠 수 있는 견이 백문이 불여일견(百聞不如一見)이다. – 남무성, 재즈평론가

- 실수가 우연히 일어나는 게 아니듯 성공도 결코 우연히 일어나지 않는다.

- 아는 것만으로는 부족하다. 적용해야 한다. 생각하는 것만으로는 부족하다. 행동해야 한다. – 레오나르도다빈치(Leonardo da Vinci), 이탈리아의 미술가

- 여러분, 지금 우리가 있는 장소에서 지금 우리가 가진 것을 이용하여 우리가 할 수 있는 것을 합시다. – 루즈벨트(Franklin Roosevelt), 미국 제32대 대통령

- 연습이 완벽을 만들지 않는다. 오직 완벽한 연습만이 완벽함을 만든다.

- 왜 이래? 아마추어같이 – 황현의, 개그맨

- 용감해지려면 용감한 것처럼 행동하라. – 아리스토텔레스(Aristoteles), 그리스의 정치철학가

- 우리는 남들이 원하지 않는 삶을 살았고, 남들이 두려워하는 곳으로 갔으며, 남들이 두려워하는 일을 했다. – 미국 참전 기념비

- 우리는 이론을 만들지 말아야 한다. 우리가 해야 할 것은 오직 행동이다. – 체 게바라(Che Guevara), 쿠바 혁명가

- 이봐, 해 봤어? – 고(故) 정주영, 현대그룹 명예회장

- 적을 업신여기면 반드시 패한다. – 이순신

- 절대다수는 다음날 떠오르는 찬란한 태양을 기다리지 못하고 포기한다. 그래서 무엇을 하든 끈기가 필요하다. – 마윈 (马云), 알리바바 회장

- 젊음이 뭔지 아니? 젊음은 불안이야. 비행기가 멀리 가기 위해서는 많은 기름을 소비해야 하네. 바로 그것처럼 멀리 보기 위해서는 가진 걸 끊임없이 소비해야 하고 대가가 필요한 거지. 자네같은 젊은이한테 필요한 건 불안이라는 연료라네. – 김동영, 『나만 위로할 것』 중에서

- 태산이 높다 하되 하늘 아래 뫼이로다. 오르고 또 오르면 못 오를리 없건마는 사람이 제 아니 오르고 뫼만 높다 하더라. – 양사언(楊士彦), 조선 전기의 문신·서예가

- 하늘의 별만을 바라보는 사람은 자기 발 아래의 아름다운 꽃을 느끼지 못한다. – 김제동, 방송연예인

- 할 수 있다고 믿으면 반은 이룬 것이다(Believe you can and you're halfway there). – 루즈벨트(Theodore Roosevelt), 미국의 제32대 대통령

- 행복할 때는 약속을 하지 말고, 화가 났을 때는 대응을 하지 말고, 상처받았을 때는 결정을 하지 말고, 확실하지 않을 때는 행동하지 말라.

- 힘이 있는 사자가 되라. 그렇지 않으면 여우의 꾀를 가져라. 사자의 힘도 없고 여우의 꾀도 없다면 순종하라. – 마키아벨리(Niccolò Machiavelli), 피렌체의 행정가

지성

- 가슴속에 1만 권의 책이 들어 있어야 그것이 흘러 넘쳐서 그림과 글씨가 된다. – 추사 김정희, 조선 말기 서화가

- 결과는 긍정적으로 생각하되 과정은 비판적으로 접근하라. – 짐 콜린스(Jim Collins), 미국의 경영 컨설턴트

- 교육은 모르는 것을 알게 해 주는 것이 아니라 행동하지 않는 사람을 행동하도록 가르치는 것이다. – 마크 트웨인(Mark Twain), 미국의 소설가

- 교육이란 그 불확실한 성과에 비해 비용이 많이 드는 투자이다.

- 그 싸움에서 질 수 있다는 가능성 때문에 옳다고 믿는 명분을 외면해선 안 된다. – 에이브러햄 링컨(Abraham Lincoln), 미국의 제16대 대통령

- 나는 대단한 인간이 아니다. 노력하는 한 노인일 뿐이다. – 넬슨 만델라(Nelson Mandela), 남아프리카공화국 최초의 흑인 대통령

- 나무 한 그루로는 숲을 이루지 못한다. 자기 중심의 교리와 도그마에서 벗어나 공동체를 생각하라.

- 내면이 얕으면 조급해지고 조급해지면 지게 된다. – 이지성, 『생각하는 인문학』 중에서

- 내 안에는 개 두 마리가 있소. 한 마리는 못된 놈이고 다른 한 마리는 착한 놈이오. 못된 놈은 착한놈에게 늘 싸움을 걸지요. 누가 이기냐구요? 내가 먹이를 많이 준 놈이오. 한 인디언 노인이 말했습니다. 먹이를 주는 것은 당신입니다.

- 당신이 좋은 책을 읽고 지식을 얻는 것은 남을 업신여기기 위해서가 아니다. 남을 돕고 사랑하며, 무언가 줄 수 있는 힘을 얻기 위한 것이다. 배운 것을 실제 나타냄이 무엇보다 필요하다. – 에픽테토스(Epictetus), 스토아학파 철학자

- 대외변수를 핑계로 핵심의 잘못을 외면하지 마라.

- 독서량의 절대적 부족은 곧 절대적 지식의 부족으로 연결된다.

- 두뇌의 수준은 그가 읽는 책의 수준과 같다. - 이지성, 『생각하는 인문학』 중에서

- 때때로 우리가 작고 미미한 방식으로 베푼 관대함이 누군가의 인생을 영원히 바꿔 놓을 수 있다. - 마가렛 조(Margaret Cho), 미국의 영화배우

- 많은 사람이 훌륭한 예술은 천부적 재능이나 선천적인 심미안, 또는 신이 내려 주신 하사품이라고 생각한다. 사실은 작가의 한결같은 노력에 의해서만 얻어지는 것임을 알아야 한다. - 레이놀즈(Joshua Reynolds), 영국의 초상화가

- 모든 성경은 하나님의 감동으로 된 것으로 교훈과 책망과 바르게 함과 의로 교육하기에 유익하니 이는 하나님의 사람으로 온전케 하며 모든 선한 일을 행하기에 온전케 하려 함이니라. - 디모데후서 3장 16~17절

- 바른 도리를 행하는 사람은 그를 돕는 사람이 많고 도리에 어긋나는 행동을 하면 그를 돕는 사람이 적어진다. 돕는 사

람이 적으면 적을수록 친척조차도 등을 돌릴 것이며 돕는
사람이 많다면 천하가 그를 도울 것이다. – 맹자

- 보기 드문 지식인을 만났을 때는 그가 무슨 책을 읽는가를
  물어보아야 한다. – 에머슨(Ralph Waldo Emerson), 미국의 사상가

- 보편적 지성을 갖춘 기독교인이 되어라.

- 사귀는 벗을 보면 그 사람을 알 수 있듯이 읽는 책을 보면
  그 사람의 품격을 알 수 있다. – 스마일즈(Samuel Smiles), 영국의
  저술가

- 사색 없는 독서는 전혀 씹지 않고 삼키기만 하는 식사와 다
  를 바 없다. – 애드먼드 버크(Edmund Burke), 영국의 정치사상가

- 상황이 행동을 결정한다.

- 새벽은 새벽에 눈뜬 자만이 볼 수 있다. 새벽이 오리라는 것
  을 알아도 눈을 뜨지 않으면 여전히 깊은 밤 중일 뿐이다.
  – 김수덕, 수필가

- 세 사람이 같이 길을 가면 반드시 스승이 있으니 좋은 것은 본받고 나쁜 것은 살펴 스스로 고쳐야 한다. – 공자

- 신이시여, 제가 바꿀 수 없는 것을 받아들일 수 있는 차분함을, 제가 바꿀 수 있는 것을 바꾸는 용기를, 그리고 그 둘의 차이를 알 수 있는 지혜를 제게 주시옵소서. – 라인홀드 니버 (Reinhold Niebuhr), 미국의 신학자

- 아는 것이 적으면 사랑하는 것도 적다. – 레오나르도 다 빈치 (Leonardo da Vinci), 이탈리아의 미술가

- 어려서 배우지 않으면 늙어서 아는 것이 없고, 봄에 밭갈이를 하지 않으면 가을에 바랄 것이 없다(幼而不學老無所知, 春若不耕秋無所望). – 명심보감 중에서

- 옥도 쪼아 다듬지 않으면 그릇이 되기 어렵듯이, 천성이 뛰어난 사람이라도 학문이나 수양을 쌓지 않으면 훌륭한 인물이 될 수 없다(玉不琢不成器, 人不學不知道). – 명심보감 중에서

- 이성이 바탕이 된 사람은 아무리 위급한 상황이 와도 자기

염치, 자기 자존심을 지킵니다. 자존심이 높으면 범법행위도 안 하고 남한테 불편을 주지 않습니다. – 이순재, 탤런트

- 이성이 열정보다 앞서야 한다(Judgement, not passion should prevail). – 에피카르모스(Epikharmos), 그리스의 희극작가

- 자기 자신과 싸우는 일이야말로 세상에서 가장 힘겨운 싸움이며, 자기 자신에게 이기는 일이야말로 세상에서 가장 값진 승리이다. – 로가우(Logau), 독일의 궁정관리자

- 전쟁터에서 적을 이기는 것보다 중요한 게 뭔 줄 아니? 그건 싸우기도 전에 적이 제 풀에 항복을 하게 만드는 것이지. 그건 칼로 하는 게 아니라 인망(人望), 마음으로 하는 것이야.
  – 드라마 '정도전' 대사 중에서

- 정(正)과 반(反)이 존재할 때 비로소 훌륭한 합(合)이 도출될 수 있다.

- 지성이란 그것을 갖고 있지 않은 사람에겐 보이지 않는다.
  – 쇼펜하우어(Schopenhauer, Arthur), 독일의 철학자

● 지혜 있는 자는 궁창의 빛과 같이 빛날 것이요, 많은 사람을
옳은 데로 돌아오게 한 자는 별과 같이 영원토록 빛나리라.
– 다니엘서 12장 3절

● 한 종교만 아는 사람은 아무 종교도 모른다 – 막스뮐러
(Friedrich Max Müller), 독일의 철학자

● 한창 때는 다시 오지 않고, 하루가 지나면 그 새벽은 다시
오지 않는다. 때가 되면 마땅히 스스로 공부에 힘써야 하며
세월은 사람을 기다리지 않는다. – 도연명(陶淵明), 중국의 시인

● 현재와 과거가 다르기를 원하면 과거를 공부해라. 미래와
현재가 다르길 원한다면 지금 노력하라.

인성

- 가난한 자를 불쌍히 여기는 것은 여호와께 빌리는 것이어서 그가 그 선행을 갚아줄 것이라고 했습니다. 그러니 남을 섬기는 것에 낙담하지 마세요. 그것이 청년 아펜젤러의 모습입니다. – **강철구, 배재대학교 일본학과 교수**

- 가난한 형제에게 네 마음을 강퍅히 하지 말며 네 손을 움켜쥐지 말고 반드시 네 손을 그에게 펴서 그 요구하는 대로 쓸 것을 넉넉히 꾸어주라. – 신명기 15장 8절

- 가장 큰 실수는 포기해 버리는 것입니다. 가장 어리석은 일은 남의 결점만 찾아내는 것입니다. 가장 심각한 파산은 의욕을 상실한 텅 빈 영혼입니다. 가장 나쁜 감정은 질투입니다. 그리고 가장 좋은 선물은 용서입니다. – 프랭크 크레인(Frank Crane), 미국의 장로교 목사

- 거짓말이 거짓말을 낳다 보면 기억력의 한계 때문에라도 언젠가는 들통난다.

- 과거를 알고 싶은가? 그렇다면 오늘의 당신의 모습을 보라. 내일을 알고 싶은가? 그렇다면 오늘의 당신을 보라. 그것이 바로 미래의 당신이다. – 삼세인과경(三世因果經)

- 관점이 모두 상대로 돌아서는 것이 사랑이다.

- 교만은 패망의 선봉이요 거만한 마음은 넘어짐의 앞잡이니라. - 잠언 16장 18절

- 나보다 금메달이 더 필요한 사람에게 돌아갔다고 생각한다. - 김연아, 2014년 동계소치올림픽에서

- 남의 착함을 보면 자기 착함을 찾고 남의 악함을 보면 자기 악함을 찾는다(見人之善이면 而尋己之善하고 見人之惡이면 而尋己之惡이라). - 명심보감 중

- 남의 파랑새를 좇지 마라.

- 낮은 자리에 설 수 있고 의식주 이상의 가치를 추구하는 인생은 그 자체만으로도 이미 성공한 것입니다.
  - **손의성, 배재대학교 복지신학과 교수**

- 내가 생각하는 것이 반드시 옳은 것은 아니라는 겸손, 내가 가진 기준이 모든 이에게 적용되는 것은 아니라는 겸손, 내가 알고 있는 지식이 모든 지식의 극히 일부분이라는 겸손,

내가 상처입는 상황이 모두 상대방 잘못은 아니라는 겸손.

– 딕 티비츠(Dick Tibbits), 미국의 심리상담사

- 대학 나오고 박사 달고 이런거 다 필요 없다. 사는데 그런 종이 쪼가리가 뭐 필요하노! 죄 안 짓고 내 밥벌이만 잘하고 살면 되지. 니 엄마 봐라. 대학교 안 나와도 얼마나 잘 사노. 아빠는… 니가 아빠 안 닮고 니 엄마 닮았으면 좋겠다. 니 엄마 진~짜 대단한 사람 아이가? – 드라마 '응답하라1988' 대사 중에서

- 만약 당신이 누군가의 인격을 시험해 보고 싶다면 그에게 권력을 쥐어 줘라. – 에이브러햄 링컨(Abraham Lincoln), 미국의 제 16대 대통령

- 매너가 사람을 만든다. – 영화 '킹스맨' 대사 중에서

- 명성을 쌓는 데는 20년이란 세월이 걸리며, 명성을 망가뜨리는 데는 채 5분도 걸리지 않는다. 그것을 명심한다면, 당신의 행동이 달라질 것이다. – 워렌 버핏(Warren Buffett), 미국의 투자가

● 몸이 하는 것은 하나도 없습니다. 다 마음이 하는 것이지요.

　– 중산스님

● 미국의 한인 2세가 명문 컬럼비아 의과대학에 지원했다. 성적도 좋고 SAT 시험도 만점인데 불합격 통지서를 받았다. 통지서에는 이렇게 적혀 있었다. "귀하의 성적은 아주 우수합니다. 가정형편이나 여러 조건도 만족스럽습니다. 그런데 귀하의 서류 어디를 보아도 헌혈 한 번 했다는 기록이 없습니다. 남을 위해 헌혈한 경험도 없는 귀하가 어떻게 환자를 돌볼 수 있을지 의문입니다."

● 부모는 아이들에게 자신의 희망을 억지로 떠다 맡겨서는 안된다. 그것이 실패의 원인이다. 부모가 해야 할 일은 스무 살 전의 자녀의 기본적인 성격이나 기질을 변경하는 것이 아니고 아이들이 가진 그대로, 그가 표현하고 싶은 그대로를 존중해서 여러 가지 분야가 모여 전체를 이룬 사회에 적응하도록 하는 데 있다. 부모의 희망과는 다른 희망을 표시했다 하더라도 부모는 반대하지 말아야 한다. 찬성하고 반대하고에 따라 그 결과는 큰 차이가 있다. 찬성해 주면 자식

은 용기를 얻을 것이며, 반대한다면 위축될 것이다.

– 로렌스 굴드(Lawrence Gould), 미국의 비즈니스 전문가

● 불만이 나를 망친다. 무심코라도 부정적인 말을 하지 마라.

● 비관론자는 대체로 옳고 낙관론자는 대체로 그르다.
그러나 대부분의 위대한 변화는 낙관론자가 이룬다.

– 토마스 프리드만(Thomas Friedman), 미국의 칼럼니스트

● 비판주의자는 별의 비밀을 발견한 적도 없고 지도에 없는
땅을 항해한 적도 없으며 영혼을 위해 새로운 천국을 열어
준 적도 없다. – 헬렌켈러(Helen Keller), 미국의 작가 겸 사회사업가

● 사람들은 참 이상하죠. 자기보다 높은 사람이 앞장서서 희
생하면 존경한다고 하면서 자기보다 못하다 싶은 사람이 나
서면 꼴갑떤다고 욕하죠. – 드라마 '미생' 중에서

● 사람은 자신이 생각하는 모습대로 되는 것이다. 지금 자신
의 모습은 자신의 생각에서 비롯된 것이다. 내일 다른 위치
에 있고자 한다면 자신의 생각을 바꾸면 된다.

– 얼 나이팅게일(Earl Nightingale), 미국의 라디오방송진행자

- 삶이 힘겨울 때 새벽시장에 한번 가 보세요. 밤이 낮인 듯 치열하게 살아가는 상인들을 보면 힘이 절로 납니다. 그래도 힘이 나지 않을 때는 뜨끈한 우동 한 그릇 드셔 보세요. 국물맛이 희망을 줄 겁니다.

- '숫자를 말하고 절약을 말하는 경제학자는 사람이 작아 보인다.'라고 아내가 지청구를 하지만, 나는 고생했던 유학시절이 몸에 배어 있어서 그런지 지금도 시간과 물질을 함부로 쓰는 것에 죄의식을 느낀다.
  – 강철구, 배재대학교 일본학과 교수

- 실패했을 때 우리는 '실패'라고 쓰고 '경험'이라고 읽는다.

- 어리석고 무식한 변론을 버려라. 이에서 다툼이 나는 줄 앎이라. – 디모데후서 2장 23절

- 우리는 필요에 의해서 물건을 갖지만 때로는 그 물건 때문에 마음이 쓰이게 된다. 따라서 무엇인가를 갖는다는 것은 다른 한편 무엇인가에 얽매이는 것. 그러므로 많이 갖고 있다는 것은 그만큼 많이 얽혀 있다는 뜻이다. – 법정스님

- 우리는 마음속에 있는 내부의 적, 즉 부정적인 생각, 게으름, 거짓말, 시기, 고정관념 등에 대해 주의해야 한다.

- 인생에 있어서 제일 큰일은 자신을 발견하는 일이다.
  - 난센(Fridtjof Nansen), 노르웨이의 북극탐험가

- 입을 지키는 자는 그 생명을 보전하나, 입술을 크게 벌리는 자에게는 멸망이 오느니라. - 잠언 13장 3절

- 의인의 마음은 대답할 말을 깊이 생각하여도 악인의 입은 말을 쏟느니라. - 잠언 15장 28절

- 주께서 심지가 견고한 자를 평강에 평강으로 지키시리니 이는 그가 주를 의뢰함이니이다. - 이사야 26장 3절

- 주의 깊게 듣고 총명하게 질문하고 조용하게 대답하며, 말할 필요가 없을 때는 입을 열지 않는 사람이 인생의 가장 필요한 의의를 깨달은 사람이다. - 라파엘로(Raffaello Sanzio), 이탈리아 르네상스시대의 화가·건축가

- 청년이 무엇으로 그 행실을 깨끗케 하리이까. 주의 말씀을

따라 삼갈 것이니이다. – 시편 119편 9절

● 혀를 다스리는 것은 나지만 내뱉어진 말은 나를 다스린다.

● 훌륭한 사람은 안으로는 엄하고 분명해야 하지만 밖으로는 언제나 원만하고 넉넉해야 한다. 그것이 바로 만물이 탄생하고 자라게 되는 생성의 덕이 되는 것이다. – 한용운, 『채근담』 중에서

● 20대의 당신의 얼굴은 자연이 준 것이지만, 50대의 당신의 얼굴은 스스로 가치를 만들어야 한다(Nature gives you the face you have at twenty; it is up to you to merit the face you have at fifty).
– 코코샤넬(Gabrielle Chanel), 프랑스의 패션디자이너

● 27세에 창업한 나에게는 경영에 대한 지식과 경험이 부족했다. 그러나 인간으로서 올바른 것을 지켜야 한다는 강한 신념이 있었다. 거짓말 하지 않기, 욕심 부리지 않기, 타인에게 피해주지 않기 등 어린 시절 부모님과 선생님께 배운 단순한 규범들을 경영 지침으로 삼았다. – 이나모리 가즈오(稲盛和夫), 일본 쿄세라(京セラ) 명예회장

큰 일 가 하 거 든
넓 히 꿈 꿔 라
12

2. Valuable Followership

감성
우정
공감
소통

전인적 감성인을 위한 기도문

　선하신 주님,

　우리 주변을 둘러 보니 수채화 물감을 뿌려 놓은 듯 아름다운 가을을 만끽할 수 있는 계절로 변해 있습니다. 그리고 또 조금 있으면 차가운 겨울을 지나 주변에는 아름다운 꽃이 만개한 봄이 되겠지요. 하나님이 지으신 모든 세계가 얼마나 아름다운지, 우리의 마음은 자연의 일부를 바라보는 것만으로도 평안함을 얻습니다.

　주님,

　우리 학생들이 공감과 소통을 통해 미래사회를 창조하는데 필요한 전인적 감성인으로 성장할 수 있도록 인도하여 주옵소서. 졸업 후 어떤 직업을 가져야 할지에 대한 두려움보다는, 다만 삶의 열정이 식고 하나님이 잊혀지는 것에 대한 두려움을 갖게 하소서. 다행히 원하던 안정된 직업을 찾아 행복하게 살아가더라도 현실에 안주하지 않으며, 혹이나 자신이 갖고 있는 지식과 권리를 남용하거나 교만하지 않도록 두 배의 겸손함을 주시옵소서.

　선 줄로 생각한 자는 넘어질까 조심하라고 하였으니, 물질과 권력에 관심을 갖기 보다는 주께서 보시는 방법으로 사물을 관찰하게 하여, 크고자 하거든 남을 섬기라는 주님의 말씀이 삶의 지침으로 남아 있게 하옵소서. 사람이 마음으로 자기의 길을 계획할지라도 그 걸음을 인도하는 자는 여호와이심을 기억하여 재물의 부함을 욕심내지 말고 삶의 부유함을 누리게 하소서.

또한 우리 학생들이 친구와 이웃도 사랑할 줄 모르면서 하나님을 사랑한다고 말하는 모순을 버리게 하여 주시고, 이 세상을 변화시키는 데는 동참하지 않으면서 하나님 나라를 앞당기게만 해 달라고 기도하는 자가당착에 빠지지 않도록 인도하여 주소서. 그리하여 내 스스로가 변하지 않고는 이 세상을 변화시킬 수 없음을 깨달아 일상 속에서 거룩함을 발견하며 살 수 있게 도와주옵소서. 그러나 혹 배재대학교에 입학하여 연자골 기숙사에서 생활하다가 믿었던 친구로부터 우정에 상처를 입고 청춘의 아픔을 느낄 때는 그 고독으로 인해 오히려 성숙해지고 견고히 성장할 수 있는 밑거름이 되게 하시며, 떠나간 옛 친구의 자리에 주께서 새로운 친구가 되어 안위하여 주옵소서.

주님,

우리의 제자들이 자신의 의지에 반하여 잘못을 저질렀다면 높은 도덕적 기준을 적용하여 뼈아픈 반성을 통해 용서를 구할 수 있는 참된 용기를 주옵시고, 한 번 저지른 잘못을 다시는 반복하지 않도록 굳은 의지와 결단력을 주시옵소서.

　다른 사람의 실수에 대해서는 너그러운 용서를 베풀고 패자를
관용할 수 있는 소통의 여유를 주옵소서. 그리하여 남학생에게는
용모가 아름다웠던 믿음의 용사인 다니엘(Daniel)의 모습이 비추어
지고, 여학생에게는 이 땅에는 은혜요 주님께는 영광을 돌리는 글
로리아(Gloria)의 청아한 모습이 보이게 하소서.

　예수님의 이름으로 기도드립니다.

감성

- 꿈을 밀고 나가는 힘은 이성이 아니라 희망이며 두뇌가 아니라 심장이다. – 도스토예프스키(Dostoevskii), 러시아의 소설가

- 나에게 솔직해져 보세요. 도대체 무엇이 나를 행복하게 하는지, 사회에서 정해놓은 성공의 기준 말고 내 안에서 뭘 원하는지 그것을 성공의 기준으로 해서 내가 주도하는 삶을 사세요. 우리에게 지금 필요한 것은 진중함이나 무조건 열심히 하는 것이 아니고 즐기는 것입니다. 내가 행복해야 세상도 행복한 것이고 그래야 또 내가 세상을 행복하게 만들 수 있습니다. – 혜민스님

- 나태함을 슬럼프로 착각하지 마라. 그건 게으름에 대한 자기합리화이다.

- 남들이 인정해주지 않아도 내가 날 인정해주다 보면 언젠가는 알아주는 이들도 생기는 거겠지.
  – 드라마 '울씨남정기' 중에서

- 내가 다른 사람처럼 되려고 노력한다면 그럼 누가 나처럼 될까?

- 내가 진정으로 어떤 사람인가 하는 문제는 남이 나를 어떤

사람으로 여기느냐 하는 문제보다 훨씬 중요하다.

– 안성윤, 배재대학교 간호학과 교수

- 내내 고개를 숙이고 있다면 결코 무지개를 발견하지 못한다.

- 누구나 마음속에 생각의 보석을 지니고 있다. 다만 캐내지
  않아 잠들어 있을 뿐이다. – **이어령, 전 배재대학교 석좌교수**

- 늙은이는 자기가 두 번 다시 젊어질 수 없다는 것을 알고 있
  지만, 젊은이는 자기가 나이를 먹는다는 것을 잊고 있다.
  – 유태 격언

- 바다의 파도 끝에 물이 잠깐 멈추는 순간이 우리의 인생이
  다. – C. S 루이스(Clive Staples Lewis), 북아일랜드의 신학자

- 백 마디 말보다 식지 않는 마음 하나. – 본죽 TV 광고 중

- 별을 꿈꾸며 구름과 같이 하늘을 날고 싶다.

- 비가 오는 날에도 사실 구름 위 하늘은 푸르다.

- 비교하면 불행해지고 비유하면 행복해진다. 부를 넘어 부요
  함을 누려라.

- 사람은 오로지 가슴으로만 올바로 볼 수 있다. 본질적인 것은 눈에 보이지 않는다(It is only with the heart that one can see rightly; what is essential is invisible to the eye). - 생텍쥐베리(Antoine de Saint-Exu-péry), 프랑스의 소설가

- 사랑은 받는 것이 아니라 주는 것이다(Love is not getting, but giving).

- 사랑하는 사람을 볼 땐 거울로 보는 게 아니야. 마음으로 보는 거지. - 영화 '새드무비' 중에서

- 사실 내가 상상하는 것만큼 세상 사람들은 나에 대해 그렇게 관심이 없습니다. 보통 사람은 자기 생각만 하기에도 바쁩니다. 그렇다면 내 삶의 많은 시간을 남의 눈에 비친 내 모습을 걱정하면서 살 필요가 있을까요? 내가 이 세상 모든 사람을 좋아하지 않는데 어떻게 이 세상 모든 사람이 나를 좋아해 줍니까? 그런데도 우리는 누군가가 나를 싫어한다는 사실에 가슴 아파하며 살고 있습니다. - 혜민스님

- 삶은 모험이다. 즐겨라. 느끼고, 사랑하고, 웃고, 울고, 놀고, 이기고, 지고, 좌절하고, 언제나 다시 일어나고, 그리고 계속 앞으로 나아가라.

- 세상이 때 묻고 녹슬었다고 하지만 그래도 진심은 어디에서 든 통하는 법이다.

- 시간의 참된 가치를 알라. 그것을 붙잡아라. 억류하라. 그리고 그 순간순간을 즐겨라. 게을리 하지 말며 헤이해지지 말며 우물거리지 말라. 오늘 할 수 있는 일을 내일까지 미루지 말라. – 체스터필드(Chesterfield), 영국의 정치가

- 시간은 모든 슬픔을 치유한다(Time heals all sorrows). – 키케로(Marcus Tulius Cicero), 고대 로마의 정치가·저술가

- 아무도 출근하지 않은 배재대학교 21C관 앞 주차장에 차를 세울 때는 참 기분이 좋다. 내가 문을 열었다는 기분이 들기 때문이다. – **강철구, 배재대학교 일본학과 교수**

- 아버지는 나를 강하게 곧고 날씬하게 키워 주셨다. 어머니는 나를 기쁘고 건강하고 사랑스럽게 낳아 주셨다. 나는 어머니 발에 입 맞춘다. – M. 윌킨슨(Mark Wilkinson), 영국의 뮤지션

- 아직도 나는 내 자신의 몇 분의 일도 알지 못하고 있다. 그래서 산다는 것에 설렘을 느낀다. – 제임스 딘(James Byron Dean), 미국 영화배우

- 우리가 하는 걱정거리의 40%는 절대 일어나지 않을 사건에 대한 것이고, 30%는 이미 일어난 사건, 22%는 사소한 사건, 4%는 우리가 바꿀 수 없는 사건에 대한 것이다. 나머지 4%만이 우리가 대처할 수 있는 진짜 사건이다. 즉 96%의 걱정 거리는 쓸데없는 것이다. 그러니 10분 이상 고민하지 마라.

- 우리는 일년 후면 다 잊어버릴 슬픔을 간직하느라고 무엇과 도 바꿀 수 없는 소중한 시간을 버리고 있다. 소심하게 굴기 에는 인생이 너무나 짧다. – 데일 카네기(Dale Carnegie), 미국의 처세술 전문가·작가

- 울면서 태어난 자, 모든 이에게 웃음 주자. – 어떤 가게의 사훈

- 인간은 타고난 이성에만 의존해도 도덕적으로 행동할 수 있다.

- 인생은 가까이서 보면 비극이지만 멀리서 보면 희극이다 (Life is a tragedy when seen in close-up, but a comedy in long-shot). – 찰리채플린(Charles Chaplin), 영국의 희극배우

- 지금 행복해야 합니다. 입시 공부할 때는 합격만 하면 행복

할 것 같고 대학생 때는 취직만 하면 소원이 없을 것 같지만 취직했더니 또 괴롭습니다. 결혼하면 행복할까 했더니 결혼이 원수가 됩니다. 힘들게 아이들 키워서 결혼시키면 끝인 줄 알았는데 손자손녀까지 돌봐야 돼요. 우리는 언젠가 행복해질 거라고 기대하지만 갈수록 태산이죠. 그러니까 지금 행복해야 합니다. 오늘 행복하면 내일도 행복하고 매일 매일이 행복할 수 있습니다. - 법륜스님

- 자세히 보아야 예쁘다. 오래 보아야 사랑스럽다. 너도 그렇다. - 나태주 시인의 '풀꽃'

- 정말 원한다면 세상이 다 말려도 올인해라.

- 지옥을 만드는 방법은 간단하다. 가까이 있는 사람을 미워하면 된다. 천국을 만드는 방법도 간단하다. 가까이 있는 사람을 사랑하면 된다. 모든 것이 다 가까이에서 시작된다.
  - 백범 김구 선생

- 추위에 떨어 본 자일수록 태양의 따듯함을 느낀다. 인생의 고뇌를 맛 본 자일수록 생명의 존귀함을 느낀다.

● 짧은 인생은 시간을 허비하면 더욱 짧아집니다. 사람들은 아름다운 꽃을 보고 광활한 자연과 무수히 반짝이는 별을 보면 경탄을 합니다. 그런데 정작 가장 경탄해야 할 자신의 존재에 대해서는 어떻습니까? - 아우구스티누스(Aurelius Augustinus), 로마제국의 철학 사상가

● 피그말리온 효과 : 잘한다 잘한다 칭찬하면 용기를 얻어 더 잘하게 된다. 스티그마효과 : 안 돼 안 돼 하면 결국 안 된다.

● 하고 싶은 거 하고 살아. 누굴 위해 살지 말고 널 위해 살았으면 좋겠어. 네가 없으면 이 세상도 없는 거니까. - 드라마 '7급공무원' 중에서

● 하지 못하는 일은 없다. 다만 생각하지 못할 뿐이다. 느린 것은 겁나지 않는다. 다만 가만히 있는 것이 두렵다.
  - 김상욱, 배재대학교 중국학과 교수

● 희망은 좋은 거예요. 아마 최고로 좋을 거예요. 그리고 좋은 것은 사라지지 않아요. - 영화 '쇼생크의 탈출' 중에서

우정

- 감은 만큼 기어이 풀어 주어야 하는 자전거 여행 같은 인생 길에서, 기쁨을 나누어도 질투가 되지 않고 슬픔을 나누어도 약점이 되지 않으며, 서로가 지초(芝草)와 난초(蘭草)의 향기를 품으면서, 그 옛날 백아(伯牙)의 거문고를 알아본 종자기(鍾子期) 같은 그런 마음, 그런 따뜻한 우정을 날마다 그립니다. – **백낙천, 배재대학교 한국어문학과 교수**

- 공자가 말하기를, 득이 되는 벗에는 세 종류가 있으니, 정직한 사람, 어진 사람, 견문이 넓은 사람은 득이 되는 벗이요, 간사한 사람, 겉치레만 신경 쓰는 사람, 아첨하는 사람은 해가 되는 벗이라.

- 그 사람을 모르거든 그 벗을 보라(If you want to know someone's real nature, meet his or her friend).
  – 메난드로스(Menandros), 고대 그리스 희극작가

- 나의 천성적인 우울한 습성을 고쳐서 나의 청춘시절을 다치지 않고 신선하게, 새벽처럼 유지시켜준 것은 결국 우정뿐이었다. 지금도 나는 이 세상에서 남자 사이의 성실하고 훌륭한 우정만큼 멋진 것도 없다고 생각한다. 그리고 언젠

가 고독할 때에 청춘에의 향수가 나를 엄습한다면, 그것은 오로지 학창시절의 우정 때문일 것이다. — H. 헤세(Hermann Hesse), 독일의 시인·소설가

- 나쁜 친구는 떠나보내세요. 만날 때마다 힘이 빠지거나 기분이 나빠지거나 당신의 자존감이 낮아지는 그런 친구가 있다면 이제 과감히 떠나보내세요. 좋은 친구를 만나기에도 시간이 없습니다.

- 내가 이번에 바닥을 치면서 기분 참 더러울 때가 많았는데 한 가지 좋은 점이 있다. 사람이 딱 걸러져. 진짜 내 편과 내 편을 가장한 척 하는 부류. 인생에서 가끔 큰 시련이 오는 거, 한 번 씩 진짜와 가짜를 걸러내라는 하나님이 주신 큰 기회가 아닌가 싶다. — 드라마 '별에서 온 그대' 대사 중에서

- 내 친구가 어떤 친구일까 생각하는 것처럼 나는 그들에게 어떤 친구일까도 생각해 봅시다.

- 누구에게나 친구는 누구에게도 친구가 아니다(Everybody's friend is nobody's friend).

- 누군가를 사랑하게 되면 더 이상 '나는 누구인가'는 중요하지 않다. 그보다 '나는 상대에게 누구인가'가 중요하다.
  −알랭 드 보통(Alain de Botton), 스위스 출신의 영국 작가

- 다정한 벗을 찾기 위해서라면 천리길도 멀지 않다.
  − 톨스토이(Leo Tolstoy), 러시아의 소설가·사상가

- 독서는 정신적으로 충실한 사람을 만든다. 사색은 사려 깊은 사람을 만든다. 그리고 논술은 확실한 사람을 만든다.
  − 벤자민 프랭클린(Benjamin Franklin), 미국의 정치인·저술가

- 복어에 독이 있다고 해서 우리가 복어를 버리지 않는 것처럼 그 사람에게 단점이 보인다고 해서 친구를 버리는 일은 하지 말아라.

- 불가에서는 친구의 네 가지 부류가 있다고 합니다. 첫째, 꽃과 같은 친구입니다. 꽃이 피어서 예쁠 때는 그 아름다움에 찬사를 아끼지 않습니다. 그러나 꽃이 지고 나면 돌아보는 이 하나 없듯, 자기 좋을 때만 찾아오는 친구는 꽃과 같은 친구이지요. 둘째, 저울과 같은 친구입니다. 저울은 무게에 따

라 이쪽으로 또는 저쪽으로 기웁니다. 그와 같이 손익에 따라 이익이 큰 쪽으로만 움직이는 친구는 바로 저울과 같은 친구이지요. 셋째, 산과 같은 친구입니다. 산이란 온갖 새와 짐승의 안식처이며 멀리 보이거나 가까이 가거나 그 자리에서 항상 반겨줍니다. 생각만 해도 편하고 든든한 친구가 바로 산과 같은 친구입니다. 넷째, 땅과 같은 친구입니다. 땅은 뭇 생명의 싹을 틔워주고 곡식을 길러내며 누구에게도 조건 없이 기쁜 마음으로 은혜를 베풀어 줍니다. 한결같은 마음으로 지지해 주는 친구가 바로 땅과 같은 친구입니다.

- 불행은 누가 친구인지 아닌지를 보여준다. 친구란 두 개의 몸에 깃든 하나의 영혼이다(Misfortune shows those who are not really friends. The friend is one soul dwells in two bodies).
  − 아리스토텔레스(Aristoteles), 그리스의 정치철학가

- 사람이 친구를 위하여 자기 목숨을 버리면 이보다 더 큰 사랑이 없나니. − 요한복음 15장 13절

- 세월이 흐를수록 친구의 폭이 좁아지는 것을 느낀다. 반면 세월이 흐를수록 우정이 더 깊어지는 친구가 생긴다.

- 속마음을 나눌 수 있는 친구만이 인생의 역경을 헤쳐나갈 수 있는 힘을 제공한다. – 그라시안(Baltasar Gracián y Morales), 스페인의 작가

- 솔직하면 많은 친구를 얻지 못할 수는 있어도 제대로 된 친구를 얻게 될 것이다. – 존 레논(John Lennon), 영국 그룹 비틀즈 멤버

- 아버지는 보물이요 형제는 위안이며 친구는 보물도 되고 위안도 된다. 친구를 고르는 데는 천천히, 친구를 바꾸는 데는 더 천천히. – 벤자민 프랭클린(Benjamin Franklin), 미국의 정치인·저술가

- 역경은 누가 진정한 친구인지 가르쳐 준다(Adversity does teach who your real friends are).
  – 로이스 맥마스터 부욜(Lois McMaster Bujold), 미국의 소설가

- 우정은 날개 없는 사랑이다(Friendship is a love without wings).
  – 바이런(Baron Byron), 영국의 낭만파 시인

- 인간을 고독에서 구출해 주는 유일한 것은 신뢰할 수 있는 우정이다. – 피에르보나르(Pierre Bonnard), 프랑스의 화가

- 인생에서 우정을 없앤다는 것은 세상으로부터 태양을 없앤다는 것과 같다. – 괴테(Johann Wolfgang von Goethe), 독일의 시인·문학가

- 저녁을 먹고 나면 허물없이 찾아가 차 한잔을 마시고 싶다고 말할 수 있는 친구가 있었으면 좋겠다. 입은 옷을 갈아입지 않고 김치 냄새가 좀 나더라도 흉보지 않을 친구가 우리 집 가까이에 있었으면 좋겠다. 비오는 오후나 눈내리는 밤에 고무신을 끌고 찾아가도 좋은 친구, 밤늦도록 공허한 마음도 마음놓고 보일 수 있고 악의없이 남의 얘기를 주고 받고 나서도 말이 날까 걱정되지 않는 친구가….
  – 유안진의 '지란지교를 꿈구며' 중에서

- 제일 불쌍한 사람은 도움을 주지도 못하고 받지도 않는 사람이야. 힘들 때 힘들다고 얘기를 하고 울고 싶을 땐 목 놓아 울어버려. – 어떤 블로그에서

- 적을 만들고 싶다면 내가 그보다 잘났다는 사실을 증명하면 된다. 친구를 얻고 싶다면 그가 나보다 뛰어나도록 만들어라. – 라 로슈쿠코(La Rochefoucauld), 프랑스의 작가

- 좋은 만남은 영혼의 진동이 있고 향기로운 여운이 감돌아야 한다. - 법정스님

- 좋은 친구가 생기기를 기다리는 것보다 스스로가 누군가의 친구가 되었을 때 행복하다.
  - 러셀(Bertrand Russell), 영국의 철학자·사회사상가

- 진정한 행복을 만드는 것은 수많은 친구가 아니며, 훌륭히 선택된 친구들이다. - 벤 존슨(Ben Jonson), 영국의 극작가·시인

- 참다운 벗은 좋은 때는 초대해야만 나타나고 어려울 때는 부르지 않아도 나타난다. - 보나르(Pierre Bonnard), 프랑스의 화가

- 철이 철을 날카롭게 하는 것 같이 사람이 그의 친구의 얼굴을 빛나게 하느니라. - 잠언 27장 17절

- 친구가 아플 때는 의사가 되고, 소송에 걸렸을 때는 변호사가 되고 모든 상황에서 조언자가 되며 결정을 내릴 때는 조력자가 되라.

● 친구간에는 경쟁과 논쟁과 대결이 없어야 하니, 우정이란 서로 쟁투하는 사이가 아니라 서로 분투를 돕는 사이이다.

● 친구는 나의 기쁨을 배로 하고 슬픔은 반으로 한다.
   − 키케로(Marcus Tullius Cicero), 고대 로마의 철학자·정치가

● 친구란 모든 것을 나눈다. − 플라톤(Plato), 고대 그리스의 철학자

● 친구를 갖는다는 것은 또 하나의 인생을 갖는 것이다.
   − 그라시안(Baltasar Gracián y Morales), 스페인의 희곡작가

● 칭찬에 발이 달렸다면 험담에는 날개가 달려 있다.
   − 유재석, 방송 연예인

● 한 사람의 진실한 친구는 천 명의 적이 우리를 불행하게 만드는 그 힘 이상으로 우리를 행복하게 만든다.
   − 에셴 바흐(Wolfram von Eschenbach), 독일의 시인

● 한 친구를 얻는 데는 오래 걸리지만 잃는 데는 잠시이다.
   − 릴리(Lyly, John), 영국의 소설가·극작가

- 함께 밥 먹고 싶은 사람이 되라. 정말 기분 나쁜 사람을 '밥 맛 없는 사람'이라고 하지 않나?

- 허물을 덮어주는 자는 사랑을 구하는 자요 그것을 거듭 말 하는 자는 친한 벗을 이간하는 자라. – 잠언 17장 9절

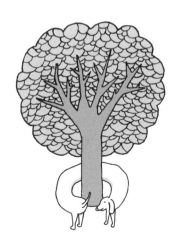

공감

- 고개를 숙이면 부딪히지 않는다.

- 그래, 내가 할 수 있는 일은 함부로 살지 않는 일. 그래, 함부로 살지 말자. 할 수 있는데 안 하지는 말자. 이것이 내가 삶에게 보일 수 있는 최고의 적극성이다.
  – 신경숙, 『아름다운 그늘』 중에서

- 내가 생각하는 범위에서 최선을 다하면 안 돼. 그걸 벗어나서 최선을 다해야지. 그게 바로 혼신이야. – 유재석, 방송 연예인

- 내가 처해 있는 상황이 어떤 조건이든, 나에게 의미 있고 가치 있는 것에 집중하는 것이 필요합니다. 나를 힘들고 어렵게 하는 것, 불리한 것을 생각하면 늘 불평과 고민이 늘어나겠지요. 그래서 저는 우리 배재대학교 학생들이 어떠한 환경 하에서도 감사함으로 늘 행복한 사람이 되도록 기도하고 있습니다. 제가 살아온 인생이 길다고 할 수는 없으나, 어려움과 고통스러운 상황에서도 주어진 일에 최선을 다한다면 결국 주변의 보이지 않는 손들을 통해 기쁨과 감사함을 얼

는 경험을 했습니다. 이는 하나님께서 이미 약속하신 말씀이기도 합니다. **– 이진화, 배재대학교 유아교육과 교수**

● 내 기분은 내가 정해. 오늘 나는 '행복'으로 할래!
　– 루이스 캐럴의 『이상한 나라의 앨리스』 중에서

● 누군가 나에게 말할 때는 하던 일을 멈추고 상대에게 집중하라. 상대의 얼굴표정과 몸짓을 관찰하라. 반드시 상대가 하는 말을 완전히 이해하라.

● 다른 사람을 설득하고자 한다면 자기가 먼저 감동하고 자기를 설득하는 것부터 시작해야 한다.
　– 에디슨(Thomas Alva Edison), 미국의 발명가

● 당장 죽느냐 사느냐의 문제가 아니라면 그다지 급한 일이란 아무것도 없다. 그러니 조금 더 느긋해져라.

● 당신 스스로가 하지 않으면 아무도 당신의 운명을 개선시켜주지 않을 것이다. – B. 브레히트(Bertolt Brecht), 독일의 극작가

- 때가 오면 모든 것이 분명해진다. 시간은 진리의 아버지이다. – 라블레(François Rabelais), 프랑스의 소설가

- 똑같은 과일도 당도는 제각각이다. 당도가 높은 맛있는 과일일수록 여무는 동안 비가 적고 태양을 많이 받아야 한다. 사람도 마찬가지다. 사람이 여무는 동안 고난과 시련이 많을수록 내면의 당도는 높아지고 성공에 도달할 확률도 높아진다.

- 많은 것을 아는 사람은 많아도 모든 것을 아는 사람은 없다. 그러니 안심해라.

- 목소리가 큰 사람이 이긴다는 것은 예전에 교통사고 났을 때의 일이다. 흥분하지 마라.

- 목표가 없는 사람은 목표가 있는 사람을 위해 평생 일해야 하는 종신형에 처해져 있다.
  – 브라이언 트레이시(Brian Tracy), 미국의 자기계발 강연자

- 백일 고운 꽃 없고 열흘 반가운 손님 없다.

- 봄을 이기는 겨울은 없다.

- 사람이 할 수 있는 일은 과정에 최선을 다하는 것 뿐이며 결과는 하늘이 주신다. − 안철수 『영혼이 있는 승부』 중에서

- 살짝 미치면 인생은 재미있다.

- 상대를 인정하면 자신이 진다고 느끼는 것 자체가 이미 상대에게 지고 있는 것이다. − 사유리, 방송인

- 세상이 불공평해서 실패한 것이 아니다. 내가 열심히 안 해서 실패한 것이다. − 드라마 '미생' 대사 중에서

- 세상이 자기를 버렸다고 생각하지 마라. 세상은 날 가진 적이 없다.

- 선한 싸움에 나선 사람은 모두 고독하고 외롭습니다.

- 손에 든 찻잔이 뜨거우면 그냥 놓으면 됩니다. 그런데 사람들은 뜨겁다고 괴로워하면서도 잔을 놓지 않습니다. − 법륜스님

● 승자는 실수를 했을 때 '내가 잘못했다'라고 말하고 패자는 실수를 했을 때 '너 때문이다'라고 말한다. 승자의 입에는 '솔직'이 가득 차 있고 패자의 입에는 '핑계'가 가득 차 있다. 승자는 '예'와 '아니오'를 확실히 말하고 패자는 '예'와 '아니오'를 적당히 말한다. 승자는 어린이에게도 사과할 수 있지만 패자는 노인에게도 고개를 숙이지 못한다. 승자는 넘어진 뒤 일어나서 앞을 보고 패자는 넘어진 뒤 일어나서 뒤를 본다. 승자는 열심히 일하지만 여유가 있고 패자는 한가히 놀면서도 항상 바쁘다. 승자는 시간을 관리하며 살고 패자는 시간에 쫓기면서 산다.

– J.해리스(Sydney J. Harris), 미국의 저널리스트

● 얼음처럼 냉정하고 불처럼 뜨거우며 물처럼 부드러워라.

● 우리가 남을 위한다면서 하는 거의 모든 행위는 사실 나를 위함이다. 내 가족이 잘 되기를 바라는 기도 역시 솔직히 들여다 보면 가족 때문에 따듯해지는 나를 위한 것이고, 부모님이 돌아가셔서 우는 것도 결국 외롭게 된 내 처지가 슬퍼

서 우는 것이다. 그러니 남 눈치 그만 보고 정말로 내가 하고 싶은 것을 하고 살자. – 혜민스님

● 웃음은 자신감 부족에 대한 특효약이다.

● 음향시스템이 아무리 좋아도 훌륭한 음악이 없다면 그건 쓸모가 없다. 기능을 작동시키기 위해서는 알찬 컨텐츠가 필요하다.

● 인간관계는 거울 같은 것이다. 당신이 상대에게 공감하면 상대도 당신에게 공감해 준다. 당신이 상대를 지지하고 응원해주면 상대도 당신에게 마찬가지 태도를 보인다. 이러한 신뢰관계가 인생을 발전시키는 것이다.

● 인생이란 결코 공평하지 않다. 이 사실에 익숙해져라(Life is not fair. get used to it). – 빌 게이츠(Bill Gates), 마이크로소프트 창업자

● 일이 끝날 때까지 시간과 관심을 최대한 집중하라.

- 양현석의 내 인생을 바꾼 12가지.

  1. 좋아하는 일을 해라. 2. 자신만의 재능을 빨리 찾아라.
  3. 배운대로 하는 세상은 지났다. 4. 창조적이고 싶다면 나
  만의 것을 찾아라. 5. 일을 성공해야 사랑도 성공할 수 있다.
  6. 믿고 기다려라. 7. 우연이나 행운은 계속 이어지지 않는다.
  8. 하나의 컨텐츠를 360도 비즈니스화 해라. 9. 국내시장은 좁
  다. 해외시장을 목표로 해라. 10. 하고 싶은 일에 미치고 하는
  일에 설레어라. 11. 남들이 하지 않는 일을 좀 더 빨리 시작해
  라. 12. 젊음은 내 전 재산과 바꿔도 아깝지 않다.
  – 양현석, 연예기획사 YG 대표

- 전쟁을 좋아하는 국민은 망하게 마련이지만 전쟁을 잊어버
  리는 국민 또한 같다. – 박정희, 대한민국 제5~9대 대통령

- '좋은 학교' 다니는 남자 찾지 말고 네가 좋은 학교를 다녀
  라. '좋은 차' 가진 남자 찾지 말고 네가 좋은 차를 가져라.
  '돈 많은 남자' 찾지 말고 네가 스스로 돈 벌어라. 넌 가진
  게 없으면서 상대에게 바라지 말아라. 그리고 네가 그것을

하나라도 가지고 있더라도 상대를 절대 무시하지 말아라.
– 사유리, 방송인

- 진리는 거짓에 의해서 침해를 당하지만 침묵에 의해서 폭행을 당한다. – 앙리 프레데릭 아미엘(Henri Frederic Amiel), 스위스의 철학자

- 진정한 성공이란 자신이 태어나기 전보다 이 세상을 조금이라도 더 살기 좋은 곳으로 만들어 놓고 떠나는 것이다.
– 에머슨(Ralph Waldo Emerson), 미국의 사상가·시인

- 진정한 자유란 타인의 미움을 받는 것이다.
– 기시미 이치로, 고가 후미타케의 『미움받을 용기』 중에서

- 천재는 노력하는 사람을 이길 수 없고 노력하는 사람은 즐기는 사람을 이길 수 없다.
– 롤프 메르클레(Rolf Merkle), 독일의 심리상담가

- 행복한 착각에 굳이 성급한 진실을 끼얹을 필요는 없다. 가끔은 착각해야 행복하다. – 드라마 '응답하라1988' 대사 중에서

● 현명해 지기는 아주 쉽다. 그저 머릿속에 떠오르는 말 중에
  바보같다 생각되는 말을 하지 않으면 된다.
  – 샘 레븐슨(Sam Levenson), 미국의 작가 · TV진행자

● 3년 전 걱정한 거 기억나? 1년 전 걱정은? 6개월 전 걱정은?
  지금 하는 걱정도 곧 그렇게 될 거야.

소통

- 같은 목표를 가진 사람과 만나라.

- 그럴 수 있어 사람이니까. 그럴 수 있어 사람이잖아. 그럴 수 있지 뭐.

- 낄끼빠빠: 낄 때 끼고 빠질 때 빠져라.

- 나는 사랑에 빠져 있는 아주 가난하고 젊은 남자를 만났다. 그의 모자는 다 낡고 외투는 해졌으며 팔꿈치가 튀어나와 있었고 구두는 물이 샜지만 그의 영혼에는 별들이 지나가고 있었다. – 빅토르 위고 (Victor Hugo), 프랑스의 소설가

- 내가 울고 있으면 위로보다는 치킨을 사들고 살며시 다가와 '치킨 왔어'라고 속삭여줘. – 우성글, 작가

- 내가 '하고' 싶어 하는 말보다 상대방이 '듣고' 싶어하는 말을 하라.

- 내 몸 내가 끌고 다니면 자유인이고 내 몸 남이 끌고 다니면 노예이다. 내 생각 내가 주인이면 자유인이고 내 생각 남이 주인이면 노예이다. 내 생각의 진짜 주인은 누구인가?

- 내 아내는 나를 사랑하는 팬들까지 포용할 줄 알았던 지혜

로운 여자였습니다. 나를 사랑한다는 이유로 너무 큰 희생을 강요당했던 그녀에게 진심으로 사랑한다는 말을 하고 싶습니다. – 성룡, 홍콩 출신의 영화배우

- 너무 경건하거나 기독교적이면 사교성이 부족해 보이고, 너무 인간적이고자 하면 세속화의 문제가 발생합니다. 그러니 적절한 경계에서 왕래해야 할 것입니다. 지식도 마찬가지이지만 신앙 역시 진정한 심장부에 도달하면 모든 형식과 내용으로부터 자유하면서도 또 가장 종교적이 될 수 있거든요. – **강철구, 배재대학교 일본학과 교수**

- 누가 어디서 무엇을 기획하는지 모른 채 결과만 통보받는 집단은 소속감이 떨어진다.

- 다른 사람을 감동시키려면 먼저 자신이 감동하지 않으면 안 된다. – 장 프랑수아 밀레(Jean Francois Millet), 프랑스의 화가

- 돈 한 푼 안 드는 카톡으로 즐겁게 대화해라. 답장 없어도 행복해진다.

- 동료나 상사에게 수시로 직언하는 것을 스스로 용기 있는 행동이라고 착각하지 마라.

- 두고 두고 깨씸한 느낌이 드는 말은 위험하다.

- 말로 설득하는 사람은 하수이고 행동으로 설득하는 사람은 고수이다. – 조영탁의 『행복한 경영이야기』 중에서

- 말을 독점하면 적이 많아진다.

- 말하지 않아도 알아줄 거라는 생각은 하지 마세요. 말을 해야 압니다. 좋으면 좋다. 싫으면 싫다! 괜찮으면 괜찮다. 힘들면 힘들다! 고마우면 고맙다. 미안하면 미안하다! 말을 하세요. 말하지 않아도 전해진다고 생각한다면 큰 착각입니다.

- 무시당하는 말은 바보도 알아듣는다.

- 부자들은 가난한 사람들이 어떻게 살고 있는지를, 가난한 사람들은 부자들이 어떻게 일하고 있는지를 알아야 한다.

- 불일치와 다양성을 인정하면 순수함이 파괴된다는 유아적 사고를 버려라.

- 살짝 미치면 인생을 재미있게 살 수 있다.

- 세미나에 참석할 일이 있었습니다. 이어폰을 꽂고 있는 사

람에게 말을 걸기 쉽지 않습니다. 지하철역에서 길을 물을 일이 있었습니다. 이어폰을 꽂고 있는 사람에게 묻기 쉽지 않습니다. 가족끼리 여행길에 아이들은 스마트폰에 이어폰을 꽂고 대화없이 여행을 갑니다. 귀를 막는 것은 다른 사람과의 의사소통을 거부하는 행동입니다. 이어폰은 사람을 안 이어줍니다. – 어느 블로그에서

- 세상은 주고받는 게 이치다. 받은 다음에야 주려고 하면 기다리는 사람이 없다.

- 신은 마음을 보지만 사람은 겉모습을 먼저 본다. 그래서 우리의 옷차림은 타인에게 엄청난 양의 정보를 제공한다.

- 스트레스는 내가 옳다는 생각이 강하기 때문에 받는 겁니다. 그런데 내가 옳다고 할 게 있나요? 사실은 생각이 서로 다른 것이지. 누구는 옳고 누구는 그른 게 아니에요. 서로 다를 뿐이에요. 그러니 다름을 인정하면 돼요. 그 사람 입장에서는 그럴 수도 있겠구나 이렇게 생각하면 스트레스가 일어나지 않아요. 그런데 자기를 중심으로 생각하기 때문에 열을 받는 거예요. 스트레스를 받을 때 '아, 또 내가 옳다고 주장하는구나' 이렇게 자기를 한번 돌아 보세요. – 법륜스님

- 아무런 문제가 없다고 주장하는 것은 죽어 있다는 말의 다름 아니다.

- 아무리 선한 동기라 해도 남의 잘못을 지적하는 것은 정의롭다기보다 미련한 행동이다.

- 어느 식당은 손님이 먼저 '반찬 좀 주세요', 어느 식당은 종업원이 눈치채고 먼저 '부족한 반찬 좀 더 드릴까요?'. 당신은 어느 식당에 가고 싶은가? – 이창현, 강사

- 의사소통에서 제일 중요한 것은 상대방이 말하지 않은 소리를 듣는 것이다.

- 인간관계를 원활히 하고 싶으면 계산하는 버릇을 멈추세요. 나는 이만큼 해 주었는데 왜 상대는 그만큼 해주지 않는가 하고 계산하면 자꾸 관계의 브레이크가 걸려요.

- 잊지 말자. 나는 어머니의 자부심이다. 모자라고 부족한 자식이 아니다. – 드라마 '미생' 대사 중에서

- 자기가 사랑받고 있다고 느끼면 백발이 될 때까지도 어린애

같은 기쁨을 느끼는 법이다.

– M. 몽테를랑(Henri Millon Montherlant), 프랑스의 소설가

● 자신은 단 한 번도 틀린 적이 없다고 주장하는 독선을 버려라.

● 저는 교사를 양성하는 교수로서 제자들에게 '관계'와 '소
통'을 강조합니다. 그래서 수업시간에 '사람에게 관심을 가
져라, 그리고 좋아해라'라고 말하곤 합니다. 물론 모든 사
람을 다 좋아할 수는 없겠지요. 그 사람의 입장을 늘 헤아려
소통하는 것이 중요합니다. 이는 제 삶의 철학이기도 하지
요. – **이현주, 배재대학교 교직부 교수**

● 코카콜라는 뉴스시간 대에 자사광고를 하지 않는다. 뉴스는
기본적으로 부정적인 사건이 많기 때문에 자사 이미지와 연
결되는 것을 차단하기 위해서이다.

● 타인의 시선에 자유로워져라. 대체적으로 우리는 타인의 시
선과 생각을 의식하며 살아가고 있다. 남의 마음에 드는지
어떤지를 문제 삼지 않는 사람이 세상에서 성공할 수 있다.

– G. 킨켈(Gottfried Kinkel), 독일의 시인·저널리스트

- 한그루의 나무가 되라고 한다면 나는 산봉우리의 낙락장송보다 수많은 나무들이 합창하는 숲 속에 서고 싶습니다. 한 알의 물방울이 되라고 한다면 저는 단연 바다를 선택하고 싶습니다. 그리하여 가장 많은 사람들이 모여 사는 나지막한 동네에서 비슷한 말투, 비슷한 욕심, 비슷한 얼굴을 가지고 싶습니다. - 신영복의 『감옥으로부터의 사색』 중에서

- 한 선수가 팀에 절대적으로 중요한 요소일 수는 있지만 한 선수만으로 팀을 만들 수는 없다.

  - 카림 압둘 자바(Kareem Abdul Jabbar), NBA 농구선수

- 항상 상대방의 입장에서 먼저 생각하고 행동하세요. 편견으로부터 자유롭기 위해 자신의 생각을 되돌아 보세요. 지식 습득과정에서는 그 지식의 생성배경과 현재적 의미를 동시에 파악하고자 노력하세요. 감정을 표현하기 전에 인내할 수 있는 능력을 키우세요. 무엇보다 자신을 사랑하고 자신을 소중히 여기세요. - **이란표, 배재대학교 실내건축학과 교수**

- 힘들 때 우는 건 삼류, 힘들 때 참는 건 이류, 힘들 때 웃는 건 일류. - 셰익스피어(William Shakespeare), 영국의 극작가

3. Creative Frontiership

창의
수행
도전
가치

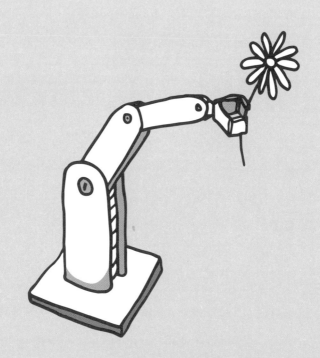

창의적 개척자를 위한 기도문

창조주 하나님,

우리 학생들이 가지고 있는 젊음과 패기를 끊임없는 도전과 모험을 통해 새로운 가치를 만들어 내는 창의적 개척자로 양육하여 주옵시길 원합니다. 천재적 기질을 갖고 있더라도 자기 일을 적당히 하거나 낯선 것을 두려워하여 배척한다면 결코 창의적 개척자가 될 수 없으니, 자신에게 주어진 일에 열정을 갖고 최선을 다하는 학생들로 성장시켜 주옵소서.

그러나 시간은 멈추지 않고 흐르고 있어 제대로 준비되지 않은 가능성은 물거품처럼 사라지는 신기루와 같다는 점을 우리 학생들이 깨닫도록 도와주시며, 미래에 대한 큰 포부를 갖되 이곳 배재대학교에서 훌륭한 스승들을 통해 학문과 인격을 연마하게 하여 주옵소서.

이를 위해 자신의 욕심을 하나님의 뜻이라고 착각하여 무엇이든 거저 얻으려 하는 일이 없도록 하되 '크고자 하거든 남을 섬기라'는 건학이념을 실천하여 진정한 청년 아펜젤러를 구현할 수 있는 겸손한 학생들이 되게 하여 주소서. 이로써 정직한 패배에는 부끄러워하지 않고 태연하며, 조그마한 승리에도 약한 자를 돌볼 수 있는 겸손함과 온유함을 갖춘 청년 아펜젤러로 자라게 하여 주소서. 남들과 나를 상대적으로 비교하는 나약한 모습을 버리고 창의적인 개척자가 될 수 있도록 충분히 고민하게 하소서. 마음을 정결히 하되 목표는 높게 잡으며 남을 정복하려 하지 말고 먼저 자신을 다스릴 수 있도록 지경을 넓혀 주옵소서. 그리하여 물질과 지위에 주눅 들지 않게 당당함을 주시며 오히려 고난속에서 유머를 알게 하시어, 오직 사람이 마음으로 자기의 길을 계획할지라도 그 걸음을 인도하는 자가 여호와이심을 깨닫는 영적 지능이 더하게 하여 주옵소서.

우리 학생들이 자본과 권력이라는 두려움에 직면하여 창의적인 아이디어가 떠오르지도 않고 도전의식도 저하될 때에는 이를 극복할 수 있는 패기(霸氣)를 주옵소서.

오늘날 자본은 우리에게 편리함을 가져다 주었지만 그로 인해 자본으로부터 탈출하기 어려운 시대가 되었습니다. 능력주의 사회에서 경제적 불평등은 기회균등을 무너뜨렸고 계층 이동마저 어려워졌지만, 우리 학생들이 평탄하고 안이한 길을 선택하기보다는 폭풍우 속에서도 삶의 가치를 추구하고 고난과 도전에 대처할 수 있는 창의적 개척자의 마음을 주옵소서. 그러한 가운데 담대한 마음으로 스스로를 다스리되, 참된 위대함은 소박한 일상에서 찾을 수 있다는 여유를 주옵시길 원하옵나이다.

마음의 경영은 사람에게 있어도 말의 응답은 여호와께 있다고 하였으니, 여호와께서 간섭하여 주셔서 학생들이 고통에 처했을 때는 그 고통을 감당할 수 있는 용기와 힘을 주시고 주께서 친구가 되어 청년 아펜젤러가 되고자 하는 제자들의 기도에 응답하여 주옵소서.

예수님의 이름으로 기도드립니다.

창의

- 강한 자는 멸망하고 변화하는 자만이 살아 남았다.

  – 찰스다윈(Charles Robert Darwin), 영국의 생물학자

- 궁극의 디자인은 없어서 안 보이게 하는 것이다.

  – 스티브 잡스(Steve Jobs), 미국의 애플사 창업자

- 꿈꾸는 자만이 자유로울 수 있다. – 김범수, NHN 대표

- 나는 도둑이다. 그러나 부끄럽지 않다. 나는 플라톤과 피카
  소, 베르트람, 로스와 같은 최고의 인물들에게서 생각을 훔
  친다. – 마사 그레이엄(Martha Graham), 미국의 무용가

- 나는 어떤 특출난 재능을 가진 사람이 아니라 단지 호기심
  이 무궁무진할 뿐이다.

  – 알버트 아인슈타인(Albert Einstein), 독일의 이론물리학자

- '나도 할 수 있다'는 생각으로 새롭게 시작하십시오. 적극
  적인 사고방식은 위대한 창조력의 원동력입니다.

- 너희는 이전 일을 기억하지 말며 옛적 일을 생각하지 말라.
  보라 내가 새 일을 행하리니 이제 나타낼 것이라. 너희가 그

것을 알지 못하겠느냐 정녕히 내가 광야에 길과 사막에 강을 내리니. − 이사야서 43장 18~19절

● 단순한 진흙이라도 도공의 손에 들어가면 아름답고 유용한 것이 될 수 있다. 생각을 바꾸면 인생이 달라지는 것이다.
 − 존 하첼(John Hatchell), 영국의 정치인·변호사

● 달걀은 남이 깨면 계란후라이가 되지만 자신이 깨면 병아리가 된다.

● 답은 일상 속에 있습니다. 나한테 모든 것이 말을 걸고 있어요. 하지만 대부분 들을 마음이 없죠. 그런데 들을 마음이 생겼다면, 그 사람은 창의적인 사람입니다. − 박웅현, 광고인

● 마음으로 본다면 손으로 쥐게 될 것이다.
 − 밥 프록터(Bob Proctor), 미국의 작가·강연가

● 모두가 비슷한 생각을 한다는 건 아무도 생각하지 않는다는 말이다. − 알버트 아인슈타인(Albert Einstein), 독일의 이론물리학자

● 무엇이라도 꿈을 꿀 수 있다면 그것을 실행하는 것 역시 가

능하다. – 월트 디즈니(Walt Disney), 미국의 만화영화제작자

- 사고능력은 정답문제 풀이에서 벗어나야 키워진다.

- 생각할 수 있는 모든 것은 실현 가능하다.
  – 알버트 아인슈타인(Albert Einstein), 독일의 이론물리학자

- 생각할 수 없는 것을 생각하고 상상할 수 없는 것을 상상하라(Think the unthinkable, imagine the unimaginable).

- 생명이 있는 꽃에서는 죽은 잎사귀와 시든 꽃잎을 발견할 수 있다. 오직 생명이 없는 조화만이 깨끗할 뿐이다.

- 세상을 바꾸고 싶다면 힘부터 길러라. 힘없는 자의 용기만큼 공허한 것은 없다.

- 시공간을 종횡무진 넘나드는 사유의 힘은 세계를 지배해 보지 못한 한국인에게는 감히 시도해 보기 어려운 수준이다.
  – 영화 '인터스텔라' 를 보고나서

- 알려진 걸 알았을 땐 상식이 되고, 모르는 걸 알았을 땐 능력이 되고, 숨겨진 걸 알았을 땐 무기가 된다.
  – 박인권의 '대물' 중에서

- 어깨를 펴고 활기차게 걸어라.

- 익숙한 것들과 결별하라(Avoid putting things into familiar catagories).

- 인간은 자신의 인생을 그리는 화가이자 저자이며 극본가이자 연출가이며 주인공이다. 대역은 없다. 재방송도 없다.

- 의도적으로 인생을 창조하라.

- 인생이 왜 재미있는지 알아? 한치 앞을 모르기 때문이야.

- 인생을 다시 산다면 나는 똑같은 실수를 조금 더 일찍 저지를 것이다.

- 우리에게 가장 치명적인 말은 '지금까지 항상 그렇게 해왔

어'이다(The most damaging phrase in the language is 'It's always been done that way'). ― 그레이스 호퍼(Grace Murray Hopper), 미국의 해군 최초의 여성해군제독

- 자신만의 걸음으로 자기 길을 가거라. 바보 같은 사람들이 무어라 비웃든 간에. ― 영화 '죽은 시인의 사회' 중에서

- 지식보다 중요한 것은 상상력이다(Imagination is more important than knowledge). ― 알버트 아인슈타인(Albert Einstein), 독일의 이론물리학자

- 창의란 사물을 지금까지와는 다른 방법으로 보는 것이다.

- 창의적인 사람은 자신이 사랑하는 것을 가지고 놀기 좋아한다(The creative mind plays the objects it loves).
  ― 칼 융(Carl Jung), 스위스의 정신과의사·심리학자

- 창조란 모든 것을 연결하는 것이다.
  ― 스티브 잡스(Steve Jobs), 미국의 기업가·애플사 창업자

- 창조라는 것은 '발견'이라고 합니다. 세상에 무엇인가를 창조할 수 있는 것은 신만 가능한 영역이고 인간이 만들어낸 모든 것들은 기존의 것들을 융합하거나 '발견'해 낸 어떤 것을 말합니다.

- 찾아봐라. 나도 한 가지 정도는 잘 하는 것이 있다.

- 튀지 말고 띄어라.

- 특별한 기회를 기다리지 마라. 평범한 기회를 잡아서 위대한 것으로 만들면 된다.

- 피카소의 천재적 표현주의는 기존의 사실주의 그림에 익숙한 사람에게는 난해한 그림으로 여겨질 뿐이다.

- '해 아래 새 것이 없다'는 전도서의 말씀처럼 모든 것은 결코 순수한 창작물이 될 수 없다.

- 혁신은 리더와 추종자를 구분짓는 잣대다(Innovation distinguishes between a leader and a follower).
  – 스티브잡스 (Steve Jobs), 미국의 애플사 창업자

● 20세기 초반 에디슨 이후에 기술혁신은 급격히 둔화된다.
인터넷, 컴퓨터 외에 딱히 개발된 것이 없다. 스티브잡스가
새롭게 발명한 것은 아무것도 없다. 혁신을 했을 뿐이다.

– 세바시 강의 620회 최진기의 'IT는 왜 인문학을 요구하는가' 중에서

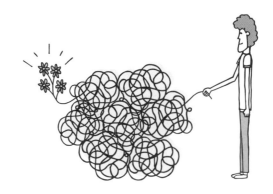

수행

- 가슴 떨림 없는 '매출 1위', '전국 1위' 같은 목표는 꺼내지도 마라.

- 가능성의 한계를 발견하는 유일한 방법은 그 한계를 넘어 불가능으로 들어가는 것이다(The only way of discovering the limits of the possible is to venture a little way past them into the impossible). − A. C. 클라크(Arthur C. Clarke), 영국의 SF작가

- 나는 제자들이 땀흘리며 노력했는데도 성과가 없어 지쳐 있을 때 시편 126편 5~6절 말씀을 인용하여 들려 줍니다. '눈물을 흘리며 씨를 뿌리는 자는 기쁨으로 거두리로다. 울며 씨를 뿌리러 나가는 자는 정녕 기쁨으로 그 곡식단을 가지고 돌아오리로다.'
  − 김하근, 배재대학교 바이오의생명공학과 교수

- 나의 승리의 절반은 주먹이었고 절반은 승리를 확신한 나의 말이었다. − 무하마드 알리(Muhammad Ali)의 은퇴 연설

- 네가 진정 보고 싶고 가지고 싶고 가고 싶은 곳이 있다면 몇 푼의 돈 때문에 결코 그것을 포기하지 마라.

- 노력이 지겨워질 때조차 한 걸음 더 나아가도록 자신을 독

려할 수 있는 사람이 승리를 거머쥔다(The man who can drive himself farther once the effort gets painful, is the man who will win).

– 로저 베네스터(Roger Bannister), 영국의 육상선수

● 누군가 해야 할 일이면 내가 하고, 내가 해야 할 일이면 최선을 다하고, 어차피 해야 할 일이면 기쁘게 하고, 언젠가 해야 할 일이면 바로 지금 하라.

● 다섯 번째 계단을 오르기 위해서는 네 번째 계단에서 힘을 빼라. – 틱낫한(Thich Nhat Hanh), 베트남 출신 스님

● 당신이 하지 않는다면 어떤 일도 일어나지 않는다(Nothing will work unless you do).

– 마야 안젤루(Maya Angelou), 미국의 시인·영화배우·인권운동가

● 더디더라도 착실히 하는 편이 결국 이긴다(Slow and steady wins the race).

● 마치 내 꿈이 벌써 이루어진 것처럼 자신감을 가지고 행동하세요. 그러면서 열심히 준비하세요. 그러면 신기하게도 그 꿈은 이루어집니다. – 혜민스님

3. Creative Frontiership 111

● 멀리 있는 불로는 가까운 곳의 불을 끄지 못한다.

● 불가능은 눈에 보이지도 않을뿐더러 질감을 느낄 수 없는 허상일 뿐이다. 보이지도 않는 불가능 따위에 자신을 방치 하는 것만큼 어리석은 일은 없다.
  – 이정훈의 『강심장』 책 본문 중에서

● 변화에 대처하는 최선의 길이란 오직 힘을 키우는 것이다.
  – 도쿠가와 이에야스(德川家康), 일본 에도 막부의 초대 쇼군

● 사람들은 시간이 모든 것을 바꾸어 준다고 말하지만 실제로 는 당신 자신이 모든 것을 바꾸어야 한다.
  – 앤디 워홀(Andy Warhol), 미국의 팝아트 선구자

● 사람들은 흔히 내일 내일 하고들 있지만, 이 내일이라는 것 은 영원히 이어지는 것이므로 오늘 하지 않으면 아무것도 못하게 된다.
  – 데일 카네기(Dale Carnegie), 미국의 처세술 전문가·작가

● 사람의 생김새가 모두 다르듯 누구나 각자의 틀(꼴)을 갖고 있다. 내 틀(꼴)은 어떤 모양인지를 찾고 그 틀을(꼴)을 어떻

게 만들어 갈 것인지 항상 고민해야 한다. 그리고 그 틀을 정확히 찾았다면 그 값을 제대로 하기 위해 노력하라.

- 우관섭, 배재대학교 비서실팀장

- 선택과 집중이라는 말이 있다. 어떤 일을 하든지 자신이 할 수 있는 일을 선택한 후에는 집중해서 전력투구 하라는 것이다. 흥미도 없고 잘하지도 못할 일에 어설프게 매달려서 낭비할 만큼 우리가 가진 시간이 무궁무진하진 않다.
  - 이세돌, 바둑기사

- 성공을 확신하는 것이 성공의 첫 걸음이다.

- 성공의 80%는 일단 출석하는 것이다(Eighty percent of success is showing up). - 우디 알렌(Woody Allen), 미국의 영화감독

- 승자가 되길 원한다면 승자처럼 행동하라(If you want to be a winner, act like a winner).

- 신발을 정리하자. - 미스터피자 사훈

- 아마추어는 남을 상대로 싸우지만 프로는 자신을 상대로 싸운다. - 아놀드 베네트(Arnold Bennette), 영국의 작가

- 아무 일에든지 다툼이나 허영으로 하지 말고 오직 겸손한 마음으로 각각 자기보다 남을 낮게 여기고 각각 자기 일을 돌아볼뿐더러 또한 각각 다른 사람의 일을 돌아보아 나의 기쁨을 충만케 하라. – 빌립보서 2장 3~4절

- 어떤 말을 만 번 이상 뒤풀이 하면 반드시 미래에 그 일이 이루어진다. – 아메리카 인디언 금언

- 여러분, 생각이 바뀌면 행동이 바뀌고, 행동이 바뀌면 습관이 바뀌고, 습관이 바뀌면 성격이 바뀌고, 성격이 바뀌면 운명이 바뀝니다. 그러니 좋은 생각을 하십시요.
  – 박근수, 배재대학교 여가서비스경영학과 교수

- 영혼 없는 몸이 죽은 것 같이 행함이 없는 믿음은 죽은 것이니라. – 야고보서 2장 26절

- 왜 자꾸 남이 하는 일만 선망하는가? 당신 자신이 되어라. 다른 사람의 자리는 모두 찼다. – 김난도, 서울대학 교수

- 우리가 겪는 대부분의 실패는 우리의 능력 부족이 아니라 지속성의 부족 때문이다.

● 이 모든 과제는 취임 후 100일 안에 이뤄지지는 않을 것입니다. 1000일 안에도 이루어지지 않을 것이며, 현 정부의 임기 중에 끝나지도 않을 것이며, 어쩌면 우리가 지구상에 살아 있는 동안 이루지 못할 수도 있습니다. 하지만 시작합시다. – 존 F. 케네디(John F. Kennedy), 미국의 제35대 대통령

● 일하는 시간과 노는 시간을 뚜렷이 구분하라. 시간의 중요성을 이해하고 매 순간을 즐겁게 보내고 유용하게 활용하라. 그러면 젊은 날은 유쾌함으로 가득찰 것이고 늙어서도 후회할 일이 적어질 것이며 비록 가난할 때라도 인생을 아름답게 살아갈 수 있다. – 루이자 메이 올컷(Louisa May Alcott), 미국의 소설가

● 재미가 없다면 왜 그걸 하고 있는가?
– 제리 그린필트(Jerry geurinpilteu), 미국의 사업가·자선가

● 제 저작권에 지금 등록되어 있는 곡이 400곡인데, 그 중에 여러분이 알고 있는 곡은 열곡이 안됩니다. 그러니까 확률상으로 볼 때 저는 꽤 괜찮은 곡을 쓰는 작곡가는 아니에요. 400곡이 다 뜰 수는 없습니다. 그것이 세상의 법칙이고 꿈을 얻기 위한 기본 자세입니다.
– 김태원, 그룹 '부활'의 리더

- 좋은 생각이 떠오른 다음에 일하겠다고 생각하지 말아라. 먼저 무엇이든 일하기 시작하라. 그리하면 좋은 생각이 그 뒤를 따르는 법이다.

- 지금이야말로 일할 때다. 지금이야말로 싸울 때다. 지금이야말로 나를 더 훌륭한 사람으로 만들 때다. 오늘 그것을 못 하면 내일 그것을 할 수 있겠는가.

  – 토마스 아켐피스(Thomas a Kempis), 독일의 수도자

- 지금 자면 꿈을 꾸지만 지금 공부하면 꿈을 이룬다(If you sleep now, you'll dream but if you study now, your dream'll come true).

- 친구가 장학금 받는 거 부럽다고만 하지 말고 질투하세요.

  – 강철구, 배재대학교 일본학과 교수

- 큰 성공이란 작은 성공의 경험들이 쌓여서 이루어낸 결과 이다.

- 하고 싶은 일보다 꼭 해야 하는 일을 먼저 하라.

- 험한 언덕을 오르려면 처음에는 천천히 걸어야 한다.

  – 셰익스피어(William Shakespeare), 영국의 극작가

도전

- 강력한 이유는 강력한 행동을 낳는다(Strong reasons make strong actions). – 셰익스피어(William Shakespeare), 영국의 극작가

- 겁내지 마라. 아무것도 시작하지 않았다. 기죽지 마라. 끝난 것은 아무것도 없다. 걱정하지 마라. 아무에게도 뒤처지지 않았다. 슬퍼하지 마라. 이제부터가 시작이다. 울지 마라. 너는 아직 어리다.

- 길이 없으면 길을 찾고 찾아도 없으면 길을 닦아 나가라.
  – 고(故) 정주영, 현대그룹 명예회장

- 나무를 꺾는 것은 바람이고 바위를 깎는 것은 파도일세. 부딪혀 보기도 전에 포기부터 해서야…. 힘이 아니라 용기가 없어 보이네만. – 드라마 '정도전' 대사 중에서

- 내게 능력주시는 자 안에서 내가 모든 것을 할 수 있느니라.
  – 빌립보서 4장 13절

- 다른 사람의 속도에 신경쓰지 말자. 중요한 건 내가 지금 확실한 목표를 가지고 내가 가진 능력을 잘 나누어서 알맞은 속도로 가고 있는 것이다. – 신달자, 시인

- 당신이 할 수 있다고 생각하면 할 수 있고, 할 수 없다고 생각하면 할 수 없다. – 헨리포드(Henry Ford), 미국의 포드자동차 창설자

- 당신은 모든 것을 할 수 있어. 다만 지금 당장 모든 것을 할 수 없을 뿐이야. – 오프라 윈프리(Oprah Winfrey), 미국의 방송진행자

- 도전이 없으면 더 큰 성공도 없다. 도전을 무서워하는 사람에게는 기회도 없는 법. 그러기에 지금도 도전하기 위해서 한 발짝 나아가고 있다. – 박지성, 축구선수

- 두려워 말라 내가 너와 함께 함이니라 놀라지 말라 나는 네 하나님이 됨이니라 내가 너를 굳세게 하리라 참으로 너를 도와주리라 참으로 나의 의로운 오른손으로 너를 붙들리라. – 이사야 41장 10절

- 때론 미친 척하고 딱 20초만 용기를 내 볼 필요도 있어. 진짜 딱 20초만 창피해도 용기를 내는 거야. 그럼, 장담하건데 멋진 일이 생길거야. – 영화 '우리는 동물원을 샀다' 중에서

- 모임에 가면 항상 앞자리에 앉아라. 그리고 의젓하게 앉아 스스로 자신감을 붙게 하라.

- 무언가를 죽도록 원한다면 그것을 얻기 위해 죽도록 싸워라. 밤낮 없이 연습하고 당신의 시간과 평화와 수면을 포기하라. 그것을 위해 다른 모든 것을 양보하라. 그것 없이는 삶이 공허하고 무의미하다면 그것만 계획하고 꿈꿔라. 그것을 위해 기꺼이 땀 흘리고 애태우고 계획하고 신과 인간에 대한 두려움까지 떨쳐버려라. 단지 원하는 그것만 추구하겠다면 당신의 모든 능력과 정신력과 끈질긴 자세와 믿음과 희망과 자신감과 단호함으로 나아가라. 당신의 육체나 정신이 병들지 않고 열정이 식거나 굶주리거나 게으르지 않다면 원하는 그것을 포기하지 못할 것이다. 꾸준히 끈질기게 밀고 나가면 당신은 마침내 그것을 이루게 될 것이다.

  – 어느 블로그에서

- 바람이 불지 않을 때 바람개비를 돌리는 방법은 앞으로 달려가는 것이다. – 데일 카네기(Dale Carnegie), 미국 처세술 전문가·작가

- 백퍼센트 성공하리라는 확신을 가지고 자신의 일에 도전하는 사람은 생각보다 많지 않다. 성공한 사업가들도 그렇고 유명한 학자나 예술가 중에도 처음부터 자신이 대성할 것이라고 믿어 의심치 않았던 사람은 아주 극소수에 불과하다.

이는 자신감과는 다른 문제이다. 성공의 보장 없이 불안감을 안고 한 걸음 한 걸음 떼는 것이 대부분이다. 그러나 어느 분야를 막론하고 성공한 사람에게는 한 가지 공통점이 있다. 모두 하나같이 쉬지 않고 부지런히 자신이 뜻하는 방향을 향해서 걸어 왔다는 것이다. 그리고 자신에게 온 기회를 놓치지 않았다는 것이다. – 어느 블로그에서

● 살면서 미쳤다는 말을 들어보지 못했다면 너는 단 한 번도 목숨 걸고 도전한 적이 없는 거야.

● 싸움의 법칙: 제일 쎈놈하고 붙어라. 이기면 넘버원, 비기면 공동 짱, 지면 넘버투. – **최호택, 배재대학교 행정학과 교수**

● 새가 날기를 무서워하면 둥지를 떠날 수 없고 물고기가 헤엄치기를 무서워하면 드넓은 바다를 볼 수도 없다. 천리길도 한 걸음부터라고 작은 성공을 거듭하다 보면 큰 성공에 대한 노하우가 자연스럽게 생긴다. 도저히 감당할 수 없을 것 같은 일들도 반복해서 시도해보면 용기가 솟는다.
– 김성오, 『육일약국 갑시다』중에서

● 세상에서 가장 쉬운 것이 '포기하는 것'이다.

- 세계적인 컨설팅회사인 맥킨지는 직원을 뽑을 때 세 가지를 본다고 한다. 열정적인가? 호기심이 많은가? 자신감이 있되 겸손한가?

- 선수 생활을 통틀어 나는 9000개 이상 슛을 놓쳤다. 거의 300회의 경기에서 패배했다. 경기를 뒤집을 수 있는 슛 기회에서 26번 실패했다. 나는 살아오면서 계속 실패를 거듭했다. 그것이 내가 성공한 이유다.
  – 마이클 조던(Michael Jordan), 미국의 농구선수

- 실력이 떨어지면 남보다 더한 노력으로 이를 보충하면 된다. 가장 중요한 것은 스스로 하고자 하는 의지이다.
  – 거스 히딩크(Guus Hiddink), 전 한국 축구감독

- 실수는 누구나 하는 거다. 아기가 걸어 다니기까지 3000번은 넘어지고야 겨우 걷는 법을 배운다. 우리는 이미 3000번을 넘어졌다가 일어난 사람이다. 그러니 별것도 아닌 일에 좌절하지 마라.

- 승리하면 작은 것을 배울 수 있다. 그러나 패배하면 모든 것을 배울 수 있다(You can learn little from victory. You can learn everything from defeat). − 크리스티 메튜슨(Christy Mathewson), 미국의 전 야구선수·감독

- 아무리 죽을 것 같이 힘이 들어도 1미터는 더 갈 수 있지 않을까? 우리가 정말 포기하는 이유는 불가능해서가 아니라 불가능할 것 같아서다.

- 아이들은 일어서는 것을 배우지만, 이상하게도 어른이 되면 주저앉는 것을 배우게 된다.

- 어디에 가든지 당당할 수 있는 사람이 되거라.
  − 조영우, 배재대학교 TESOL비즈니스영어학과 교수

- 우리는 왜 넘어질까? 일어나는 방법을 배우기 위해서란다 (Why do we fall? So we can learn to pick ourselves up).
  − 영화 '배트맨 비긴즈' 대사 중에서

- 이기고 싶다면 충분한 고민을 버텨줄 몸을 먼저 만들어. 정신력은 체력이라는 외피의 보호 없이는 구호밖에 안돼.
  − 드라마 '미생' 대사 중에서

● 인생은 자유로이 여행할 수 있도록 시원하게 뚫린 대로가 아니다. 때로는 길을 잃고 헤매기도 하고 때로는 막다른 길에서 좌절하기도 하는 미로와 같다. 그러나 믿음을 가지고 끊임없이 개척한다면 신은 우리에게 길을 열어줄 것이다. 그 길을 걷노라면 원하지 않던 일을 당하기도 하지만, 결국 그것이 최선이었다는 사실을 알게 된다.

    – 크로닌(A. J. Cronin), 미국의 소설가

● 인생은 초콜릿 상자에 있는 초콜릿과 같다. 어떤 초콜릿을 선택하느냐에 따라 맛이 달라지듯이 우리의 인생도 어떻게 선택하느냐에 따라 인생의 결과가 달라질 수 있다.

    – 영화 '포레스트 검프' 대사 중에서

● 자신감은 성공으로 이끄는 제1의 비결이다.

    – 에디슨(Thomas Alva Edison), 미국의 발명가

● 잔잔한 바다에서는 좋은 뱃사공이 만들어지지 않는다.

● 저는 개그맨 시험에 7번 낙방했고, 백석대 방송연예과 3번, 서울예전 연극과 6번, 전주우석대 모두 떨어졌으며 심지어 인생을 포기하려 한 적도 있습니다. 어느날 아버지에게는

'날 왜 이리 작게 만들었냐'고 대든 적도 있습니다. 방송에 나온 다른 유명하신 선배들과 달리 저는 천재성 같은 것 하곤 거리가 한참 먼 사람이라, 결국 제가 선택할 수 있는 가장 최선의 전략이 뭘까에 대해 생각했습니다. 가늘고 길게 가자, 어떤 단역도 주저하지 말고 소명처럼 받들자, 그러나 절대 쉬지 말자, 그렇게 성실 하나로 버텼습니다. 아무리 힘들고 어려운 순간이 와도 좌절은 해도 포기는 하지 않았습니다. 어느덧 시간이 흐른 지금 아버지가 물려주신 작은 키는 제가 개그맨으로 성공할 수 있는 가장 큰 무기가 되었습니다. 자신의 인생은 온전히 자신이 만들어 내는 것입니다. 매 순간 자신의 꿈을 위해 묵묵히 걸어가세요. 그리고 절대 포기하지 마세요. - 김병만, 개그맨

● 절대 후회하지 마라. 좋았다면 추억이고 나빴다면 경험이다 (Never Regret. If it's good, it's wonderful. If it's bad, it's experience.). - 캐롤 터킹턴(Carol A.Turkington), 미국의 저술가·저널리스트

● 직업을 갖지 못했더라도 멘붕하지 마세요. 시간이 있습니다. 주변 사람들은 다 꿈을 이루고 잘 나가는 것 같다는 건 환상입니다. 당신은 아직 젊고 당신의 미래는 아직 불확정

적입니다. 20대 후반에 무언가를 이룬 사람은 극소수입니다. 그러나 꿈을 이루기 위한 무언가를 시작하세요. 소설을 쓰든, 공부를 하든, 그림을 그리든…. 진짜 이루고 싶은 것을 위해 하루 한 시간씩이라도 투자하세요. 지금 놓아버리면 영원히 못 할 수도 있습니다.

● 포기는 배추 썰 때나 필요한 것이다.

● 포기하지 마라. 저 모퉁이만 돌면 희망이란 녀석이 기다리고 있을지도 모른다.

● 할 수 없어도 할 수 있다고 말하지 않으면 기회는 없다. 우선 '할 수 있다'고 말하자.
  – 나카타니 아키히로(中谷彰宏), 일본의 작가

● 힘들다고 고민하지 마라. 정상에 가까울수록 힘이 들게 마련이다.

가치

● 그대가 헛되이 보낸 오늘은 어제 죽어간 이가 그렇게 살고 싶어 하던 내일이다. 당신이 아직 살아 있는 동안에는 자신으로 하여금 헛되이 살지 않게 하라.

　　　　　　　　　－ 랠프 에머슨(Ralph Waldo Emerson), 미국의 사상가 · 시인

● 금전적으로 성공하는 것은 두 번째다. 좋아하는 일을 즐겁고 성실하고 정직하게 그리고 유머를 잃지 않고 하루를 유쾌히 감사한다면 반드시 성공할 수 있다.

　　　　　　　　　－ 워렌버핏(Warren Buffett), 미국의 투자가

● 나는 우리나라가 세계에서 가장 아름다운 나라가 되기를 원하지 가장 강한 나라가 되기를 원하지 않습니다.

　　　　　　　　　－ 백범 김구 선생

● 나는 종종 성인(成人)들이 단 며칠간만이라도 맹인과 귀머거리가 될 수 있다면 좋을 것이라고 생각합니다. 왜냐하면 맹인이 되면 시력의 중요성을 알게 될 것이고 또 귀머거리가 되면 소리의 중요성을 알게 될 것이기 때문입니다.

　　　　　　　　　－ 헬렌 켈러(Helen Keller), 미국 작가 겸 사회사업가

● 남들과 다르게 특별하고 싶었는데, 어느날 문득 돌아본 나

는 그들과 같아지려 발버둥치고 있었다.

- 내려갈 때 보았네 올라갈 때 보지 못한 그 꽃. – 시인 고은

- 당신이 태어날 때 당신은 울고 당신 주위 사람은 웃습니다. 당신이 죽을 때는 당신이 미소 짓고 당신 주위 사람이 울고 있는 그런 삶, 그런 인생을 사십시오. – 고(故) 김수한 추기경

- 당장 변화가 없다고 포기하지 마라.

- 때문에가 아니라 덕분에로 바꾸자. – 마츠시타 고노스케(松下幸之助), 내셔널 파나소닉, 마츠시타그룹 창업자

- 미래의 열매는 오늘 여러분이 어떤 씨앗을 뿌리는가에 달려 있습니다. **– 소정화, 배재대학교 교양교육부 교수**

- 백화점 쇼윈도에 전시된 옷이 예쁘다고 해서 내게 잘 어울릴 것이라는 착각을 하면 안 된다. 옷을 입어보고 거울에 비춰봐야 어울리는지 알 수 있다.

- 부처의 눈으로 보면 부처같이 보이고 돼지 눈으로 보면 돼지같이 보인다(佛眼啄目).

● 성공한 사람이 아니라 가치 있는 사람이 되려고 힘써라.
   – 알버트 아인슈타인(Albert Einstein), 독일의 이론물리학자

● 세상에서 가장 아름답고 소중한 것은 보이거나 만져지지 않는다. 단지 가슴으로만 느낄 수 있다.
   – 헬렌켈러(Helen Keller), 미국의 작가·사회사업가

● 손톱 밑에 때가 끼는 직업을 가진 사람을 만났을 때는 각별한 존경심으로 대하라.

● 시간 없다고 핑계대지 말아라. 시간은 물에 젖은 행주와 같다. 짜면 짤수록 나오는 게 시간이다. 짜내고 짜내서 얻은 소중한 짜투리 시간을 허투루 보내지 말고 잘 활용해라. 즉 시간 재테크의 중요성을 의미하는 "시테크(時TECH)"를 하라. **– 장윤선, 배재대학교 중국학과 교수**

● 악에 대해 항의를 하지 않는 사람은 악에 협조하는 것이다.
   – 마르틴 루터 킹(Martin Luther King), 미국의 침례교회목사·흑인해방운동가

● 어리석은 사람은 기적을 바라고, 현명한 사람은 기적을 만든다.

- 어리석은 세상은 너를 몰라. 누에 속에 감춰진 너를 못 봐. 나는 알아. 내겐 보여. 그토록 찬란한 너의 날개. 겁내지 마. 할 수 있어. 뜨겁게 꿈틀거리는 날개를 펴 날아올라. 세상 위로. 태양처럼 빛을 내는 그대여. 이 세상이 거칠게 막아서도 빛나는 사람아. 난 너를 사랑해. 널 세상이 볼 수 있게 날아. 저 멀리. – 러브홀릭스의 앨범 butterfly 가사 중에서

- 어리석은 자는 그 마음에 이르기를 하나님이 없다 하도다.
  – 시편 14편 1절

- 여러분이 할 수 있는 가장 큰 모험은 바로 여러분이 꿈꿔오던 삶을 사는 것입니다.
  – 오프라 윈프리 (Oprah Winfrey), 미국의 방송진행자

- 어떤 사람은 25세에 이미 죽어 버리는데 장례식은 75세에 치른다. – 벤자민 프랭클린(Benjamin Franklin), 미국 정치인·저술가

- 여러분이 받은 복을 세어 보세요. 생각보다 많을 겁니다. 그리고 그 복을 나눈다면 어떨까요? 나누면 나눌수록 주변이 아름답고 살만한 세상으로 바뀔 겁니다.
  – 김정태, 배재대학교 TESOL비즈니스영어학과 교수

- 염전에 있는 소금이 아니라 음식 맛을 내는 소금이 되라.

- 예전처럼 일이 잘 안된다고 비정상이라고 생각하지 마시고 잊고 있었던 진정한 내 삶의 가치를 일깨워 보세요. 일은 삶의 일부이지 전부는 아닙니다. - 혜민스님

- 오늘 걷지 않으면 내일은 뛰어야 한다. 지금 잠을 자면 꿈을 꾸지만 잠을 자지 않으면 꿈을 이룬다.
  - 도스토예프스키(Dostoevskii), 러시아의 소설가

- 오늘을 소중히 여기십시오. 오늘이야말로 당신에게 주어진 최고의 선물입니다. 그래서 현재(present)를 선물(present)이라고 하지 않습니까?

- 위대한 사람은 단번에 그와 같이 높은 곳에 뛰어오른 것이 아니다. 많은 사람들이 밤에 단잠을 잘 적에 그는 일어나서 괴로움을 이기고 일에 몰두했던 것이다. 인생은 자고 쉬는 데 있는 것이 아니라 한 걸음 한 걸음 걸어가는 그 속에 있다. 성공의 일순간은 실패했던 몇 년을 보상해 준다.
  - 로버트 브라우닝 (Robert Browning), 영국의 시인

- 인간은 항상 시간이 모자란다고 불평을 하면서 마치 시간이 무한정 있는 것처럼 행동한다.

  – 세네카(Seneca, Lücius Annaeus), 고대 로마의 철학자

- 자신이 하는 일을 재미없어 하는 사람치고 성공하는 사람을 못 봤다. – 데일 카네기(Dale Carnegie), 미국 처세술 전문가·작가

- 전쟁터에서 전사하는 것은 어려운 일이 아니다. 그건 누구나 할 수 있다. 살아야 할 때 살고 죽어야 할 때 죽는 것이야말로 진정한 용기다.

- 제2차대전 당시, 유태인 의사 빅터 프랭클은 아우슈비츠 수용소에 수감되었다. 그곳은 지옥보다 더 끔찍한 곳이었다. 발진티푸스에 걸리고 만 그는 고열에 시달리며 생사를 넘나들었지만 삶을 포기하지 않았다. 그에게는 살아야 할 이유가 있었기 때문이다. 병마를 이겨낸 빅터 프랭클은 아우슈비츠의 수감자들을 관찰하기 시작했다. 그 결과 가치 있는 목표를 가진 사람이 살아 남은 확률이 높았다는 사실을 발견했다. – 호아킴 데 포사다의 『바보 빅터』 중에서

- 지식, 물질, 지위 등 내가 가진 것 때문이 아닌 나의 존재 자

체가 누군가의 희망이 되는 것이 가장 우선이 되어야 한다.

– 손의성, 배재대학교 복지신학과 교수

- 짧은 인생은 시간의 소비에 의해 더욱 짧아진다.

- 처음에는 우리가 습관을 만들지만 그 다음에는 습관이 우리를 만든다. – 존 드라이든(John Dryden), 영국의 시인·문학평론가

- 카르페디엠(carpe diem). 현재를 즐겨라. 너희들의 삶을 특별하게 만들어라. – 영화 '죽은 시인의 사회' 중에서

- 풀은 마르고 꽃은 시드나 우리 하나님 말씀은 영원히 서리라. – 이사야 40장 8절

- 하수는 절대로 고수를 알아보지 못한다.

- 한 번 지면 계속 진다. 애초에 쉽게 져서는 안 된다.
  – 알렉스 퍼거슨(Alex Ferguson), 영국의 MU감독

- 활이 더 많이 휘어질수록 화살은 더 멀리 나간다. 휘어진 인생도 그렇다.

4. 청년 아펜젤러 교수님들께

교수님을 위한 기도문

　우리에게 모든 필요한 것을 공급해 주시는 주님,

　우리가 육신으로는 새벽이슬 같은 청년은 아닐지라도 마치 도자기를 굽기 위해 아궁이에 집어 넣는 장작불만큼이나 뜨거운 열정으로 제자들을 지도할 수 있도록 영육 간의 강건함으로 채워주옵소서. 그리하여 오늘날 대학이 단순히 지식전달의 역할에 불과할 정도로 격하되었다 할지라도, 스승 된 우리들은 이 세대를 본받지 않고 주님의 선하시고 온전하신 뜻을 분별하여, 학생들만 봐도 심장이 뛰고 가슴이 벅차올라 희망을 전달하는 멘토와 구루의 역할을 감당하게 하여 주옵소서.

　주여, 우리는 배재대학교의 교육이념에 걸맞게 '크고자 하거든 남을 섬기'도록 학생들을 지도하길 원합니다. 이를 위해 리더로 세워주신 총장님과 보직교수님들을 비롯하여 교직원 및 학생들, 그리고 정문을 통과하는 모든 분들이 들어오나 나가나 축복을 받게 하여 주옵소서. 그래서 우리나라 대학이 존립의 어려움에 직면한 이때에 대전지역에서 뿐만 아니라 중부권 사립대학 중에서 최고의 글로벌 대학으로 삼아 주옵시고, 마침내 이 모든 것들이 수년 내에 이루어져 주님의 살아계심을 증거하게 하여 주옵시길 원합니다.

주님,

사회적으로 안정된 대학교수라는 직업으로 현실에 안주하지 않게 하시며, 당면한 문제를 의식하고 비판하는 것으로 그치는 것이 아니라 그것을 해결하기 위한 정확한 의지와 충분한 준비를, 그리고 앞장서 나갈 수 있는 리더십을 우리에게 주옵소서.

또한 우리가 가진 지식을 남용하거나 교만함으로 남을 판단하여 정죄하지 않으며, 오히려 미움을 사랑으로, 상처를 용서로, 의심을 믿음으로, 절망을 희망으로, 어둠을 빛으로, 그리고 슬픔을 기쁨으로 바꿀 수 있는 여유를 주옵소서. 학문은 이제 시장에서 팔리는 상품이 되어버리고 우리 학생들은 정원충원율과 중도탈락률, 취업률을 셈하는데 필요한 머릿수일 뿐이라고 한탄하는 이때에, 제자들을 어떻게 가르쳐야 할지 고민하게 하시며, 그 고민의 결과 학생들이 민족과 세계를 가슴에 품고 살아갈 수 있도록 지도하게 하여 주소서.

하나님의 능력을 무시하고 인간의 지식을 더 신뢰하는 우(愚)를 범하지 않도록 겸손케 하여 주옵시며, 내 옆에 함께 살아가는 동료 교수님들도 사랑할 줄 알게 하옵시고, 독선과 갈등으로 내닫지 말되, 모두가 하나 되고 협력하는 배재대학교 교수님들이 되도록 인도하여 주소서.

주여,

우리 배재대학교에는 사백여 분의 교수님들이 최선을 다해서 가르치고 지도하고 있지만, 때로는 육신의 피로와 학문적 한계에 직면하여 전공지식을 쉬운 언어로 표현하지 못하고 지칠 수도 있습니다. 그러니 주여, 고백하건대 도무지 우리만의 힘으로는 제자들을 키우기에 한계가 있음을 인정하오니, 우리의 나약함을 아시되 새 힘을 주셔서 제자들을 바르고, 당당하고, 정직하고, 승고한 인재로 양육할 수 있도록 도와주시기를 간구하고 기도할 뿐입니다. 그래서 먼 훗날 우리가 뒤를 돌아보았을 때 잘했다 칭찬받는 스승이 되게 하여 주시고, 제자들이 어느덧 어른이 되어 연구실 문을 살포시 노크하고 찾아 온다면, 그 반가움에 감동하여 얼싸 안고 옛날을 추억할 수 있도록 축복하여 주옵소서.

예수님의 이름으로 기도드립니다.

- 가르치려고 하면 피하려고 한다.

- 결국 사람을 변화시키는 것은 칭찬뿐이다.

  – 최호택, 배재대학교 행정학과 교수

- 교수는 팩트(fact)가 중요한 게 아니다. 팩트(fact)를 해석하고 분석하는 직업이다.

- 교수는 권위주의와 독선에 빠져 자식소매상 역할을 하지 않도록 조심해야 한다.

- 교수는 너무 똑똑하다. 그러나 그 똑똑은 헛똑똑이다. 자기 머릿속의 똑똑함일 뿐 남과 공유할 줄 모르기 때문이다. 교수는 정의롭다. 단 타자의 일을 판단할 때만 그렇다. 교수인 나의 모습이 너무나 부끄럽다. – 서영표, 제주대학 교수

- 교육은 앎에 이르는 실천적 과정이며, 그 과정에서 교수는 자신의 주관과 경험을 항상 마음의 경계(警戒)로 삼아야 한다고 생각합니다. 또한 교육은 교수와 학생 간의 또 다른 의사소통이며 공감과 동행의 발걸음입니다. 그런 점에서 나의 강의 노트는 흥미와 의미의 최댓값을 찾고자 노력하고 성찰

하는 매일의 반성문과도 같습니다.

– 백낙천, 배재대학교 한국어문학과 교수

- 교육이란 통에 무엇인가를 가득 채우는 것이 아니라 가슴에 불을 붙이는 것이다.

  – 예이츠(William Butler Yeats), 아일랜드의 시인·극작가

- 기독교대학이라고 해서 오류가 없어야 한다는 강박관념을 버려야 한다.

- 나는 나의 스승들에게서 많은 것을 배웠다. 그리고 내가 벗 삼은 친구들에게서 더 많은 것을 배웠다. 그러나 내 제자들에게서는 훨씬 더 많은 것을 배웠다. – 탈무드

- 나이 들수록 지금 주장하고 있는 이야기가 소신인지 고집인지 구별해야 한다. 똥고집과 원칙 고수는 다르다.

- 남을 가르치는 일은 스스로 배우는 일이다(Teaching others teaches yourself). – 영국 속담

- 늙을수록 뒷모습이 품나야 한다. 젊음에 집착 말고 아름답게 늙자.

- 대학은 글로벌 자본과 대기업에 가장 효율적으로 부품을 생산하는 하청업체가 되어 내 이마에 바코드를 새긴다. 국가는 다시 대학의 하청업체가 되어 의무교육이라는 이름으로 12년간 규격화된 인간제품을 만들어 올려 보낸다. 기업은 더 비싼 가격표를 가진 자만이 피라미드 위쪽에 접근할 수 있도록 온갖 새로운 자격증을 요구한다. 이 변화 빠른 시대에 10년을 채 써먹을 수 없어 낡아 버려지는 우리들은 또 대학원에, 유학에, 전문과정에 돌입한다. 고비용 저수익의 악순환은 영영 끝나지 않는다. 큰 배움도 큰 물음도 없는 '大學' 없는 대학에서 나는 누구인지, 왜 사는지, 무엇이 진리인지 묻지 않을 수 없다. – 김예슬, 고려대학 자퇴생

- 대한민국의 대학원에 입학하려는 학생들은 실제로 무언가를 '배우고' 학문에 어떤 기여를 할 것인가 하는 목적을 가지고 진학하려는 것 같지 않다. 교수의 눈치를 보고 자신은 절대적인 '을'에 가깝기 때문이다.

- 때로 나는 교육이란 단어가 나오면 영화 '죽은 시인의 사회'의 키팅선생을 떠올린다. 전통이나 명예, 규율과 미덕 모두 중요한 덕목이지만 자신을 표현하고 세계관을 정립하며

배운 지식을 활용할 수 있는 교육이 바로 그런 것 아니겠는 가? 그래서 나에게 배운 학생들이 '캡틴, 마이 캡틴'이라고 책상 위에 올라가 눈물을 흘려준다면….

- 몇 홉의 물을 퍼냈다고 바닷물이 줄어들 리 만무하다. 몇 마일 항해했다고 해서 저 멀리 피안에 가까워졌다는 것도 착각이다. 학문은 끝없는 탐구심으로 파고 또 파는 것이다.

- 무관심은 칼보다 무섭다. 뛰어난 능력도 그것을 알아주는 사람이 없으면 사용할 수가 없다. 아무리 예쁜 진주라 해도 조개속에 갇혀 있으면 그 가치를 평가받지 못한다. 이것이 교육이다.

- 모든 질문에 대답할 필요는 없다.
  – 베른트 라토어(Bernd Latour), 독일의 함부르크대학 교수

- 배운 후에 부족한 것을 알게 되고, 가르친 후에 난처했던 것을 알게 된다(學然後知不足, 敎然後知困). – 禮記 중 學記 편

- 상대방이 이해할 수 있는 언어로 말한다면 그는 머리로 받아들이고, 상대방이 사용하는 언어로 말한다면 그는 마음

으로 받아들인다(If you talk to a man in a language he understands, that goes to his head. If you talk to him in his laguage, that goes to his heart). — 넬슨 만델라(Nelson Mandela), 남아프리카공화국 최초의 흑인 대통령

● 사람은 교육받은 대로 생각하고 행동한다. 북한사람들이 왜 김일성 3부자를 신이라고 생각하고 충성하는가? 그렇게 교육받았기 때문이다. 교육자는 책임이 막중하다.

● 서툰 의사는 한 번에 한 사람을 해치지만 서툰 교사는 한 번에 수많은 사람들을 해친다. — 보이어(Paul Delos Boyer), 미국의 노벨화학상 수상자 캘리포니아대학 생화학 교수

● 瘦影之節 : 선비는 짙은 그림자를 남기지 않는다. 공적이 아무리 커도 희미하게 남기는 것이 선비의 절개다.

● 쉽게 설명하지 못한다면 당신은 제대로 이해하지 못한 것이다(If you can't explain it simply, you don't understand it very well). — 알버트 아인슈타인(Albert Einstein), 독일의 이론물리학자

● 어떤 교수님은 인생의 관록이 흠씬 묻어 있을 만큼의 지긋

한 나이임에도 자신만의 진한 색깔과 학문적 장벽을 만들어 고집을 내세우는 분도 계십니다. 나이를 무기 삼아 스스로에 대해서는 너그러우면서도 다른 교수님에게는 엄격한 잣대를 들이대다 보니 저 같은 후배 교수는 선택적 언어로만 대화해야 하는 불편함을 느끼기도 합니다. 정치와 사회에 대해서는 진보적 성향을 보이면서도 문화적으로는 보수적이고 나이와 권위주의를 내세워 대접받기만 바라는 모습은 결코 존경받지 못합니다. **– 강철구, 배재대학교 일본학과 교수**

- 어설프게 아는 지식은 위험하다.

- 영화 매트릭스에서 네오(키아누 리브스)가 수면학습으로 '빌딩으로 점프하는 기술'을 습득하는 장면이 나온다. 그 기술을 훈련할 때 스승인 모피어스(로렌스 피시번)가 먼저 사뿐하게 뛰는 시범을 보여 준다. 그 우아한 도약을 보고 네오는 가능하지 않았던 도약을 할 수 있게 된다. 이게 교육이다.

- 예화는 논리처럼 명쾌하지는 못하지만 대중 속으로 파고드는 힘이 있다.

● 우리는 저마다 누군가의 제자인 동시에 누군가의 스승으로 살아가고 있습니다. 누군가의 스승이라는 사실이 우리를 올바르게 걸어가도록 합니다. – 고(故) 신영복, 성공회대학 교수

● 인생의 어느 지점에 이르면 돈은 더 이상 중요하지 않다. 중요한 것은 인격이다.

● 저는 얼마 전 우연히 제자가 쓴 자기소개서 내용에서 세상에서 가장 존경하는 사람을 강철구 교수님이라고 써 내려간 내용을 보고 너무나 부끄러워 얼굴이 빨개졌지만, 앞으로 잘 살아야겠다는 용기를 얻은 적이 있습니다. 하물며 어른도 이러할진대 학생들이야 오죽하겠습니까? 칭찬해 주고 격려해 주고 동기를 부여해 준다면 분명 진흙속에 묻혀 있는 진주를 캐듯, 가치와 기쁨을 얻을 수 있으리라 확신합니다. – **강철구, 배재대학교 일본학과 교수**

● 주 여호와께서 학자의 혀를 내게 주사 곤핍한 자를 어떻게 도와 줄 줄을 알게 하시고 아침마다 깨우치시되 나의 귀를 깨우치사 학자같이 알아듣게 하시도다. – 이사야 50장 4절

- 촛불 하나로 세상의 어둠을 거둬내려는 것은 지적 오만 이다.

- 품격 있는 교육이란 '제자들 가슴에 불을 붙이는 성냥과 같 은 역할을 감당하는 것'이다.

- 학자의 잉크는 순교자의 피보다 더 신성하다.
  – 마호메트(Muhammad), 이슬람교의 창시자

- 허준의 스승 유의태는 도라지를 찾았을 때도 마치 산삼 보 듯이 작은 뿌리까지 다치지 않도록 캤다고 한다.

- 현 정부와 자신이 속해 있는 학교 당국은 멋지게 비판하고 마치 자신이 최고의 학자인 양 거시적 담론을 설파하면서도 정작 연구비 몇 푼에는 손을 떨고 학생들과 동료교수들에게 물 한 잔 대접할 줄 모르는 쪼잔한 교수가 되고 싶지는 않다.

- 회의할 때는 누가 말했는가가 중요한 것이 아니라 무엇을 말했는가가 중요하다.

- 흥분한 목소리보다 낮은 목소리가 위력이 있다. 목소리의 톤이 높을수록 뜻은 왜곡된다.

- 75분 강의를 위해 나는 얼마나 준비하고 있는가? 윈스턴 처칠은 1분을 연설하기 위해 1시간을 연습했다고 하는데….

  – 강철구, 배재대학교 일본학과 교수

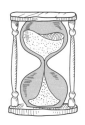

맺음말

여러분,

저는 대학이란 곳을 많이 보고 느끼고 경험하고 배우는 곳이라고 생각합니다. 여행도 큰 공부입니다. 음악에도 빠져보고 그림에도 관심을 갖고, 또 농사의 이치와 원리도 익히면 좋겠습니다. 그렇게 하다 보면 학문의 융합성을 통한 창의성도 개발되겠지요. 그런 점에서 모든 사물에는 항상 다른 길이 있을 수 있다는 가정을 하면 어떨까요? 저는 '이 일은 원래 이렇게 하는 것이에요'라고 말하는 사람을 그다지 좋아하지 않습니다. 스티브 잡스가 '휴대폰은 원래 그런거야, 컴퓨터도 다 똑같은 거야'라고 생각했다면 창조적인 개척자는 태어나지 않았겠지요. IT를 잘해도 디자인을 모르면 좋은 휴대폰을 못 만드는 세상이지 않습니까? 고정관념을 버리고 개선할 점이 있고

혁신의 여지가 있다고 믿으면 고민하게 되고 고민하면 생각이 열립니다.

영국 작가 버나드 쇼(George Bernard Shaw)는 '젊음을 젊은 이에게 주기에는 너무 아깝다'라고 했는데, 저는 이제야 이 말을 이해합니다. 만일 내가 타임머신을 타고 과거로 돌아갈 수만 있다면 대학생활을 멋지게 보낼 수 있을 것 같습니다. 그런데 다시 생각해 보면 지금의 대학생활은 우리 때와는 달리 생각보다 녹록지 않아 보입니다. 대학 교육의 본질은 뒤로 한 채 대학이 취업의 관문이 된 것은 새삼스레 말할 필요도 없지만, 이에 쉽게 적응하는 학생들도 문제입니다.

인터넷이란 문명의 도구로 인해 고민을 나눌 만한 친구나 선배는 차단된 지 오래이고, 캠퍼스에는 기대와는 달리 신명난 놀이문화도, 추억을 만들 틈도 없이 마냥 바쁘기만 하니, 그 속에서 우두커니 존재감이 희미해진 20대 초반의 외로움과 정체성의 혼란스러움이 우리 학생들을 더욱 어렵게 만들고 있는 것은 아닌가 걱정스럽습니다. 우리야 386세대라서 막걸리 한두 잔에 민족을 논하고 사상을 이야기하며 밤새워 고민했던 추억이라도 있지만, 지금 우리 학생들은 어떤 가치관을 가지고 공부를 하고 있는지, 졸업을 앞두고는 어떤 비전을 제시할 수 있는지 궁금하기만 합니다.

논어에 보면 '젊어서 힘이 있을 때 멋진 스승을 찾기 위해 노력을 다해야 한다'라고 했는데, 지금의 학생들은 교수 연구실을 찾아와 스승에게 질문하고 대화를 나누는 것에 대한 두려움이 있는 것 같습니다. 그러나 어떠한 우문(愚問)이라도 스승은 현답(賢答)을 준비하기 위해 눈높이를 맞추고 있습니다. 교육자로서의 초심을 잃지 않기 위해 디모데를 기다리는 바울과 같은 아비의 심정으로 여러분에게 다가가겠으니, 우리 같이 한 발자국씩만 가까이 합시다.

제가 이런 말씀을 드리는 이유는, 여러분의 사색과 고민의 궤적을 어느 정도는 이해하기 때문입니다. 입시의 여울목을 지나온 해방감으로 새로운 세계를 접할 수 있다는 기대감은 어디로 갔는지, 공부만 하느라 접하지 못했던 문학, 역사, 철학 등 고전을 읽겠다는 생각은 사치에 불과한 것 같습니다. 대학에 입학하는 순간 취업을 생각해야 하는 시대가 왔기 때문입니다. 그래서 대학 4년간 1460일을 젊음과 낭만이란 이름으로 함부로 허비하지 않기를 바라는 마음에 제 이야기를 들려주고 싶고, 제가 대학 다녔을 때의 실패와 성공담을 통해 여러분의 시간을 절약할 수 있도록 길라잡이가 되어 주고 싶은데, 좀처럼 연구실 노크소리가 잘 안 들리네요.

그렇지만 한편으로 생각해 보면 학생이 먼저 교수에게 다가간다는 것이 얼마나 어려운 일인지 충분히 이해할 수 있습니다. 그래서 시간이 조금 걸리더라도 제가 먼저 손 내밀고 학생들 이름을 기억하겠습니다. 시간은 조금 걸리겠지요. 그래서 배재학생들에게 한가지 제안을 하고자 합니다.

여러분,

스승을 귀찮게 해 주세요. 스승의 연구실 문을 노크하세요. 그리고 아픈 청춘을 논하세요. 청춘 콘서트를 교수 연구실에서 하자는 겁니다. 제 경험에 의하면 대학 시절 누구를 만나느냐에 따라 인생길이 완전히 달라질 수 있습니다. 소속 대학과 전공이 달라도 상관없습니다. 어디엔가 훌륭한 스승이 있다는 소식을 들으면 그냥 찾아가십시오. 편지를 써도 좋습니다. 의외로 여러분이 놀랄 정도로 반갑게 맞아주는 교수님의 모습을 접하게 될 것입니다. 이런 교수님들은 삶의 희로애락(喜怒哀樂)이 있고 인간에 대한 깊은 이해와 관심, 타인을 향한 배려, 공동체에 대한 참여의식과 희생정신이 체화되어 있어서 존경할 만큼의 조언자가 되어 주실 겁니다. 다행히도 이러한 메커니즘이 배재대학교 내에서 작용하고 있다는 사실에 감사할 따름입니다.

저는 학생들이 군입대 한다고 휴학계 들고 찾아오면 가슴 꼭 껴안고 기도해 주시는 교수님도 보았고, 제자가 아프다고 학교 보건진료소에 직접 찾아가 약을 조제받아 건네 준 교수님을 만난 적도 있습니다. 이런 교수님들과 배재대학교 안에서 함께 호흡하고 있다는 것만으로도 자랑스럽습니다.

저는 이 책을 출판하면서 다음과 같은 희망을 가져봅니다. 책을 읽는 방법이 따로 있겠습니까만, 삶의 비전과 리더십이 필요할 때, 우정을 생각해 보고 싶을 때, 힘든 상황에서 도전하고 싶을 때, 용기내고 싶을 때, 필요한 목록을 찾아 깊이 있게 의미를 부여하여 읽는다면 분명 힘이 되리라는 희망입니다.

부디 학생들이 한두 마디의 글을 통해 삶의 변화가 일어나는데 이 책이 조그마한 계기라도 될 수 있기를 바랍니다.

1885년 4월 5일, 제물포항에 도착한 아펜젤러의 기도문 :

"주님, 우리는 부활절에 이곳에 도착하였습니다. 오늘 사망의 빗장을 산산이 깨뜨리고 부활하신 주님께서 이 나라 백성들을 얽매고 있는 굴레를 끊으시고, 그들에게 하나님의 자녀가 누리는 빛과 자유를 허락하여 주옵소서."

크고 강하게든 널리 끝나라

청년 아펜젤러를 위한 노트

청淸아雅한 노트

초판 1쇄 발행일 2016년 11월 23일

엮은이 강철구
펴낸이 박영희
편집 김영림
디자인 박희경
마케팅 임자연
인쇄·제본 AP 프린팅
펴낸곳 도서출판 어문학사
  서울특별시 도봉구 쌍문동 523-21 나너울 카운티 1층
  대표전화: 02-998-0094/편집부1: 02-998-2267, 편집부2: 02-998-2269
  홈페이지: www.amhbook.com
  트위터: @with_amhbook
  페이스북: www.facebook.com/amhbook
  블로그: 네이버 http://blog.naver.com/amhbook
      다음 http://blog.daum.net/amhbook
  e-mail: am@amhbook.com
  등록: 2004년 4월 6일 제7-276호

ISBN 978-89-6184-423-9 03190
정가 8,000원

이 도서의 국립중앙도서관 출판예정도서목록(CIP)은 e-CIP홈페이지(http://www.nl.go.kr/ecip)와
국가자료공동목록시스템(http://www.nl.go.kr/kolisnet)에서 이용하실 수 있습니다.
(CIP제어번호: CIP2016027456)